BONIFATIUS

Bibliografische Information der Deutschen Nationalbibliothek:
Die Deutsche Nationalbibliothek verzeichnet diese Publikation in der Deutschen
Nationalbibliografie; detaillierte bibliografische Daten sind im Internet über
http://dnb.d-nb.de abrufbar.

Klimaneutrale Produktion.
Gedruckt auf umweltfreundlichem, chlorfrei gebleichtem Papier.

2. Auflage 2023

Umschlaggestaltung: Weiss Werkstatt München, *werkstattmuenchen.com*
Coverfoto und Fotos S. 12 u. S. 14: © Guido Schröder, *guidoschroeder.com*
Foto S. 6: © picture-alliance/dpa
redaktionelle Bearbeitung:
Burkhard Hupe (Vorwort Günter Netzer), Stefan Rüth (Lektorat)
Satz: Bonifatius GmbH, Paderborn
Druck und Bindung: CPI books GmbH, Leck
Printed in Germany

ISBN 978-3-98790-029-7

Weitere Informationen zum Verlag:
www.bonifatius-verlag.de

WOLFGANG OVERATH
SVEN PISTOR

Alleine kannst du nicht gewinnen

**Ein Gespräch über Fußball, das Leben und was
beide miteinander verbindet**

BONIFATIUS

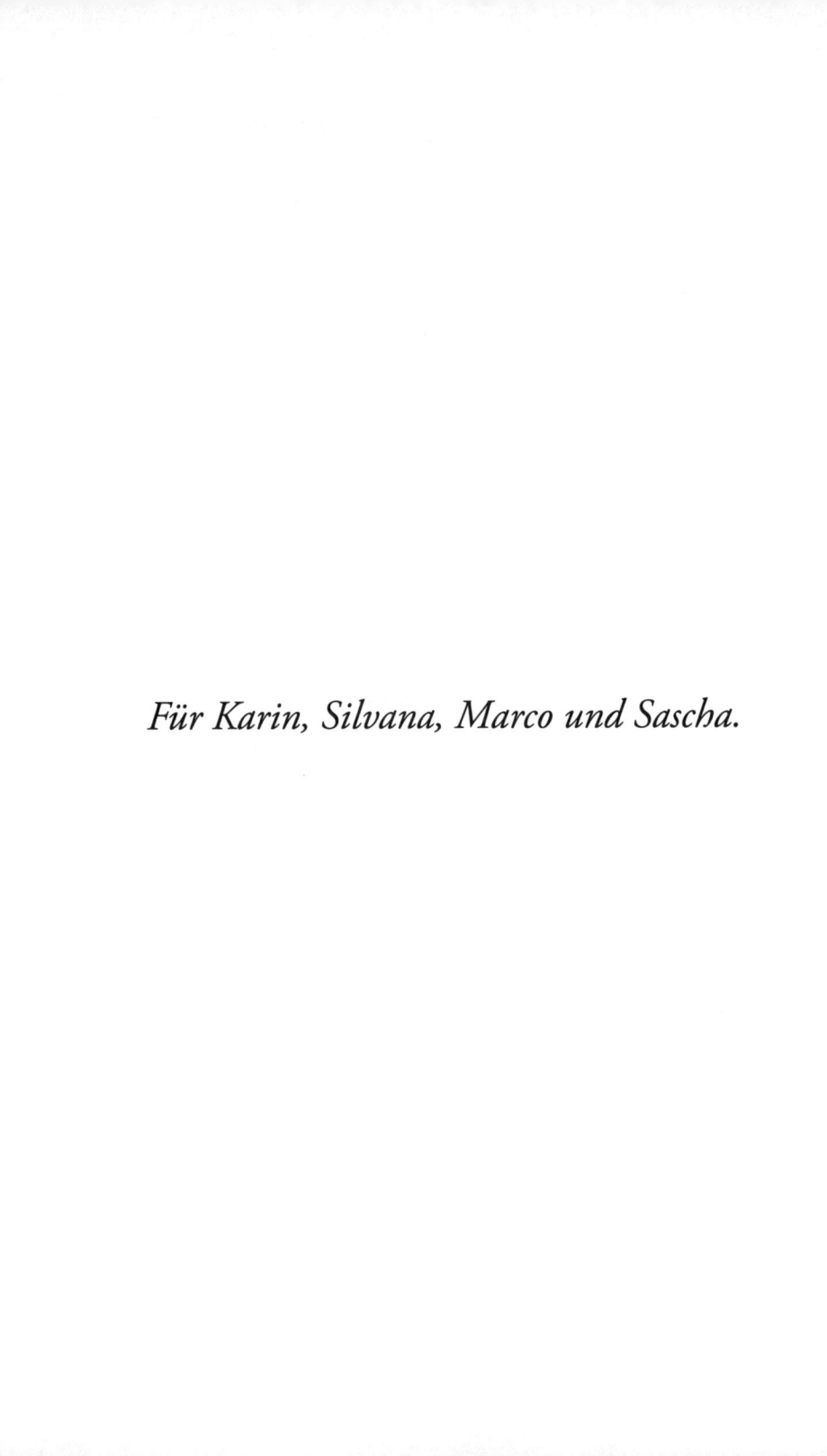

Für Karin, Silvana, Marco und Sascha.

INHALT

VORWORT
GÜNTER NETZER

„Wir sind sehr respektvoll miteinander umgegangen. Wir haben uns immer gegenseitig geschätzt.“

Günter Netzer und Wolfgang Overath feiern im Juni 1971 bei einem Mittsommernachtsfest in der Nähe von Oslo den 7:1-Sieg gegen Gastgeber Norwegen.

Eine Freundschaft fürs Leben

Wahrscheinlich trifft man im Leben nur wenige Menschen, die über einen sehr langen Zeitraum eine sehr große Rolle spielen, ohne dass man mit ihnen verwandt und verheiratet ist. Ich weiß nicht mehr, wann genau sich der Weg von Wolfgang Overath mit meinem zum ersten Mal kreuzte. Wahrscheinlich Ende der 50er- oder Anfang der 60er-Jahre, als Wolfgang in der Mittelrhein-Liga spielte und ich am Niederrhein. Woran ich mich dagegen deutlich erinnere: Wolfgang hatte bereits zu der Zeit eine Ausstrahlung, die ihn von anderen Spielern unterschied, und ich war ganz sicher nicht der Einzige, der ihn schon frühzeitig bewundert hat. Denn Wolfgang spielte damals schon für die deutsche Jugendnationalmannschaft, und jeder, der ihn seinerzeit auf dem Platz erlebt hat, konnte keinen Zweifel daran haben, dass er sich beim 1. FC Köln durchsetzen würde.

Ich habe ihn darüber hinaus auch als Mensch gleich gemocht, seine gerade und sehr verlässliche Art. Was nicht nur an seinen fußballerischen Qualitäten lag, sondern auch an seiner Geradlinigkeit, an seiner Zielstrebigkeit und an seinem Ehrgeiz. Er hatte von Anfang an einen Plan, eine klare Vorstellung von seiner Karriere. Ich dagegen hatte damals schon einen gewissen Hang zum Phlegma. Wolfgang machte dann sein erstes Länderspiel bereits kurz vor seinem 20. Geburtstag, bei mir dauerte es etwas länger, was natürlich auch daran lag, dass wir uns mit Borussia Mönchengladbach erst noch für die Bundesliga qualifizieren mussten, während die Kölner mit Wolfgang als Spielmacher gleich die erste Bundesliga-Meisterschaft gewannen. In der Rückschau ist es für mich völlig selbstverständlich, dass er auch in der Nationalmannschaft gleich zum Stammspieler heranwuchs und 1966 die Weltmeisterschaft in England spielen durfte.

Wolfgang war vom Anfang bis zum Ende seiner bemerkenswerten Karriere immer so etwas wie der perfekte Nationalspieler. Beim DFB brauchten sie jemanden wie ihn, der die schnellen Spitzen mit langen, punktgenauen Pässen fütterte. Sie suchten einen, dem es ein Leichtes war, sich mit Nebenspielern aus der gesamten Liga schnell zu arrangieren und gleichzeitig das Spiel an sich zu ziehen. Wolfgang erfüllte die Bedürfnisse auf dem Platz perfekt und er besaß damit ein Alleinstellungsmerkmal. Auch deshalb war Wolfgang Overath der deutlich bessere Nationalspieler als ich.

Ich glaube aber auch, dass ich der bessere Vereinsspieler war. Wenn ich mich in meinem Borussia-Biotop und später bei Real Madrid in der Mannschaft richtig wohl und aufgehoben fühlte, war ich zu außerordentlichen Leistungen imstande. In der Nationalmannschaft war mir das nur möglich, wenn ich möglichst viele Gladbacher um mich herum hatte, so wie 1972, als wir mit begeisterndem Fußball den Europameister-Titel holten. Vor allem im Kreise meiner Borussen war ich der König. Wolfgang dagegen war autark. Auch deshalb hat er bei drei Weltmeisterschaften so großartig aufspielen können, während meine zwanzig WM-Minuten 1974 gegen die DDR ganz sicher kein Ruhmesblatt waren.

Im Laufe der Jahrzehnte sind Wolfgang und ich unzählige Mal gefragt worden, ob aus Konkurrenten schließlich Freunde wurden. Ich würde unsere Geschichte anders erzählen. Wir sind von der ersten Minute an sehr respektvoll miteinander umgegangen. Wir haben uns immer gegenseitig geschätzt. Vielleicht hatte es etwas damit zu tun, dass wir beide Rheinländer sind. Wir haben uns unsere Einsätze in der Nationalmannschaft nicht missgönnt. Es herrschte immer ein großes Einverständnis. Wir haben nicht lamentiert, wenn der Eine mal dran war und der Andere nicht. Da gab es keine Schwierigkeiten, keine Diskussionen. Wenn wir jedoch mit der Borussia gegen den FC spielten, wollte natürlich jeder von uns beiden besser sein als der andere. Zum Glück haben wir damals sehr oft gegen die Kölner gewonnen …

Vielleicht beschreibt eine Begebenheit unser besonderes Verhältnis am treffendsten. Nach einem mutmaßlich eher schwachen Länderspiel gab es von Bundestrainer Helmut Schön ziemlich kritische Worte in meine Richtung. Danach hatte ich die Nase voll von der Nationalmannschaft, von dieser ständigen Diskussion in der Öffentlichkeit über die Spielmacherposition. Ich war nicht mehr bereit, diese Spannung auszuhalten, weiter die Schwierigkeiten aufzunehmen, um in der Nationalmannschaft dabei zu sein. Ich wollte nur noch in Gladbach spielen, der Rest war mir egal. Dann kam ausgerechnet Wolfgang Overath zusammen mit Franz Beckenbauer auf mich zu. Beide haben auf mich eingeredet, haben mich eindringlich daran erinnert, dass man nur durch die Nationalmannschaft eine wirklich große internationale Karriere erreichen kann. Das hat mir damals sehr imponiert.

So groß die Schnittmengen in unseren Biografien sind, so unterschiedlich sind sie trotzdem in wesentlichen Bereichen. Wolfgang hat früh geheiratet, Kinder bekommen und wurde Immobilienunternehmer. Ich hatte mein Leben mit dem Fußball anders angelegt. Es fand viel stärker in der Öffentlichkeit statt, ob ich das nun so wollte oder nicht. Wolfgang wollte das nicht, diese ständige Präsenz in den Medien. Mit Stil und Klasse hat er sein Leben anders gestaltet und dabei für alle gesorgt, die ihm wichtig waren und sind. Seine großartigen charakterlichen Eigenschaften haben es ermöglicht, diesen Spagat zwischen öffentlicher Person und Privatmann auszuhalten, ohne die eigenen Prinzipien aus den Augen zu verlieren. Das gilt bis heute.

Zur großen Schnittmenge in unseren Biografien zählt natürlich Hennes Weisweiler, den wir beide als Vereinstrainer erlebt haben und mit dem wir beide mitunter immense Probleme hatten. Allerdings muss man hier unterscheiden, dass ich auf Weisweiler am Anfang meiner Karriere traf, dass ich aus nächster Nähe miterlebte, wie er aus dem Provinzclub Mönchengladbach ein europäisches Spitzenteam formte. Als Weisweiler dagegen zum 1. FC Köln kam, war Wolfgang Overath längst ein Star, er war der Held von Köln. Aber Weisweiler hat ihn nicht wie einen Star behandelt oder gar gehätschelt. Im Gegenteil. Weisweiler hat gerade von seinen zentralen Spielern immer mehr verlangt, als diese eigentlich zu leisten imstande waren. Deshalb gab es zwischen Hennes und mir in Mönchengladbach, Hennes und Johan Cruyff in Barcelona und zwangsläufig auch zwischen Hennes und Wolfgang Overath in Köln große Schwierigkeiten.

Ich möchte aber noch eines über Weisweiler festhalten: Die Auseinandersetzungen mit ihm, seine manchmal verletzende Kritik an meinem Spiel, das hat mich gelegentlich auch beflügelt. Ich wollte es ihm oft genug beweisen. Das Pokalfinale 1973 ist dafür ein gutes Beispiel oder ein anderes Spiel, in dem er mich zwang, mit einem gebrochenen Zeh aufzulaufen. Ich habe dann eines der besten Spiele in meinem Leben gemacht. Dieser Mann, Hennes Weisweiler, hat mich gemacht. Das ist der Unterschied zu Wolfgang Overath.

Abschließend noch ein Gedanke über die vielleicht wichtigste Gemeinsamkeit in unserem Leben: unsere Frauen. Ich kenne Karin Overath wirklich sehr gut und man kann nichts anderes sagen, als dass Wolfgang wirklich froh sein kann, diese Frau schon seit so vielen Jahrzehnten an seiner Seite zu haben. Das gilt für mich und meine Frau Elvira übrigens in gleichem Maße. Diese Frauen waren und sind sehr wichtig für unser Leben. Wolfgang hat zu Hause immer das vorgefunden, was er nach der Hektik im Fußballgeschäft am meisten brauchte: Ruhe. Das klingt viel einfacher, als es ist. Sein größtes Glück sind seine wunderbaren Kinder. Wolfgang hat enorm viel für dieses große Glück getan.

Wolfgang Overath ist heute für mich nicht irgendein Fußballer, mit dem ich oft telefoniere. Er ist einfach als Mensch unglaublich wertvoll. Unsere Gespräche dauern oft sehr lang und sind manchmal sehr spaßig. Ich kann abschließend sagen, dass er auch deshalb ein Teil meines Lebens geblieben ist, weil er ein beeindruckender, authentischer Mensch ist, der die wesentlichen Dinge nie aus den Augen verloren hat. Er war ein großer Fußballer, einer der besten aller Zeiten in Deutschland, und gleichzeitig war er auch ein Konkurrent, das schon. Aber unsere Freundschaft steht auf einem anderen Fundament.

Günter Netzer

11

Wolfgang Overath

Geburtstag: 29. September 1943
Geburtsort: Siegburg
Familienstand: verheiratet mit Karin (seit 1966), drei erwachsene Kinder
Position: Offensives Mittelfeld
Vereine: Siegburg SV 04, 1. FC Köln
Bundesliga-Einsätze: 409 Einsätze (83 Tore)
Nationalmannschaft: 81 Länderspiele (17 Tore)
Gelbe Karten: 14 Bundesliga, 2 Nationalmannschaft,
3 DFB-Pokal
Rote Karte: 1

Erfolge:
Weltmeister 1974
Pokalsieger 1968 und 1977
Deutscher Meister 1963/64

Besonderes:
- In der Bundesliga spielte nur Harald „Toni" Schumacher öfter für den 1. FC Köln (422), bei Pflichtspielen hingegen hat Overath ein Spiel mehr als Schumacher (542).
- Er absolvierte als einziger deutscher Spieler bei drei WM-Teilnahmen alle 19 Spiele.
- In der neuen Bundesliga-Spielklasse erster Bundesliga-Torschütze des 1. FC Köln am 24. August 1963, gegen den 1. FC Saarbrücken (2:0).
- Er war Präsident des 1. FC Köln von 2004 bis 2011.

Sven Pistor

Geburtstag: 26. März 1972

Geburtsort: Köln-Lindenthal

Familienstand: verheiratet mit Nadine (1977), zwei Kinder

Position: Ersatzbank

Vereine: TSV 06 Rodenkirchen, TSV Weiß

Einsätze: bis 2002 in der U-30 des WDR, ab 2001 Stammspieler als Moderator bei „WDR 2 Liga Live"

Nationalmannschaftseinsätze: seit 2002 immer dabei, leider auch in Russland und Katar …

Gelbe Karten: wurde vom Presserat noch nie gerügt ;)

Rote Karte: –

Erfolge: Deutscher Radiopreis 2002 für das beste Sportformat

Besonderes:

• Er ist nach Kurt Brumme und Dietmar Schott der dritte Moderator der deutschlandweit erfolgreichsten Bundesliga-radiosendung „WDR2 Liga Live"

• Liebt seine u. a. bei Apple, Spotify, etc. erscheinenden wöchentlichen Podcasts. „*WDR2 Einfach Fußball*" ist ein biografisches Gesprächsformat. In „*Jogo Bonito – Der Fußball und seine Geschichte*" erzählt er mit ARD-Fußballreporter Burkhard Hupe faszinierende Geschichten jenseits des Konfettiregens.

• Sven Pistor kommt mit Soloprogrammen u. a. „*Reinste Fuß-ballerotik*" auf die Bühnen und macht auch mit Burkhard Hupe in „*Jogo Bonito live*" immer wieder gemeinsame Sache in Theatern. Infos, Termine und Anfragen unter *svenpistor.de*

AUF SCHWARZER ASCHE

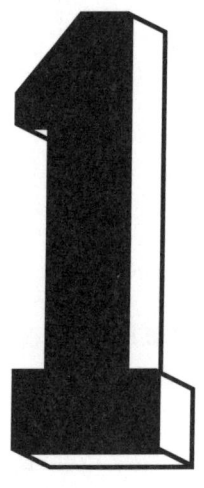

„Du musst kämpfen, wenn du was erreichen willst."

SVEN PISTOR: Wolfgang, von dir ist oft als Idol die Rede, wenn man auf deine fußballerischen Erfolge, dich als Person und dein Herz für den Fußball zu sprechen kommt. Du hast an drei Weltmeisterschaften teilgenommen, bist Weltmeister (1974), Vizeweltmeister (1966) und Dritter in einem legendären WM-Turnier (1970) geworden und warst erfolgreich mit dem 1. FC Köln. Kannst du mit dem Begriff „Idol" etwas anfangen oder würdest du es von dir weisen, dass du ein deutsches Fußball-Idol bist?

WOLFGANG OVERATH: Ich kann mit „Idol" nicht viel anfangen. Andere können das so vielleicht besser verstehen oder besser ausdrücken. Ich aber habe immer noch ein ganz normales Verhältnis zu den Jungs, mit denen ich angefangen habe, in der Halle zu trainieren, als ich vor 40 Jahren als Profi aufgehört habe. Wenn ich heute mit ihnen spiele, habe ich nie das Gefühl: Du bist ein Idol oder du hast das und das erreicht. Natürlich ist man stolz, wenn man im Leben von ganz unten kommt und es einem einigermaßen gut geht. Da bin ich dankbar und zufrieden. Aber Stolz darf nie so sein, dass er sich in Bezug auf andere Menschen darstellt.

SP: Da steckt viel Weisheit drin, das so zu sehen. Trotzdem, Menschen kommen bestimmt auf dich zu und erzählen dir ihre Geschichten, die sie mit dir verbinden.

Spürst du da so etwas wie Verantwortung, gut damit umzugehen?

WO: Von 1963 bis 1977 war ich fast ständig für die Menschen da. Da gab es etliches, was angegangen oder das an mich herangetragen wurde. Vieles habe ich gleich wieder vergessen und mir dabei keine Gedanken um andere gemacht. Mit dem Alter verändert sich aber deine Einstellung. Wenn man älter wird, dann merkst du: Es gibt viele Menschen, die sich einfach freuen, wenn sie dich sehen. Gerade die, mit denen du ein Stück des Weges gegangen bist. Und dann macht es dir selbst viel mehr Freude als früher, wenn du Menschen dadurch eine Freude machen kannst, dass du freundlich zu ihnen bist und dir ein bisschen Zeit für sie nimmst – und ich habe wenig Zeit.

SP: Du meinst, du möchtest den Leuten etwas an Aufmerksamkeit zurückgeben?

WO: Mit dem Alter wird man ja ein bisschen weiser und denkt zurück: Ja, das war eine schöne Zeit, aber jede Zeit hat auch ein Ende.

SP: Nun hast du ja als Spieler alles erlebt, hast quasi die Sterne berührt. Und wenn Fußballfans einem solchen Idol wie dir begegnen, genießen sie das vermutlich einfach. Da hast du keine Berührungsängste, oder?

WO: Also, wenn ich am Wochenende meine Jogging-Runde drehe, habe ich meistens so 'ne Mütz auf, damit man mich nicht gleich erkennt. Die Strecke geht direkt vor meinem Haus fünf Kilometer durch den Wald. Und wenn das Wetter schön ist und Spaziergänger unterwegs sind, die mich trotzdem erkennen, grüßen mich einige schon von Weitem: „Ah, Wolfgang!" Ich find das schön und grüße auch zurück. Etwa acht oder neun von ihnen sagen: „Hallo, Herr Overath!" oder „Hallo, Wolfgang!", der Rest geht einfach so an mir vorbei. Das verstehe ich nicht. Ich schaue beim Laufen die Leute grundsätzlich an, und wenn die mich ansehen, dann grüße ich sie auch. Aber wenn sie mich nicht anschauen, denke ich immer: Was ist denn das für ein komischer Mensch? Wir kommen da aufeinander zu, es ist sonst niemand da – da sag ich doch „Hallo!". Natürlich gibt's auch einige, die mich nicht erkennen. Aber grundsätzlich macht man das doch, dass man sich „Guten Tag!" sagt, oder? Und deswegen sage ich mir: Dass die Leute mich auf der Straße erkennen, das brauche ich nicht mehr, aber es ist immer schön, wenn Menschen einen Kontakt zu dir aufbauen, indem sie dich grüßen oder sagen: „Das FC-Spiel war schlecht, ne?"

SP: Oder vielleicht gut.

WO: Im Moment sehr gut.

SP: Mal abgesehen davon, wie andere dich sehen: Wenn du heute auf deine eigene Geschichte zurückblickst, was kommt dir da als Erstes in den Sinn?

WO: Ich hatte eine wunderbare Zeit. Als Fußballspieler habe ich alles erreicht, ich habe eine tolle Familie, drei super Kinder, und zusammen ist uns vieles gelungen. Es geht uns gut.

Wenn ich heute zurückblicke und sehe, was das für ein wunderbares Leben war, dann weiß ich auch, wo ich herkomme, und bin dankbar. Ich habe ja als kleiner Junge was anderes miterlebt. Jeden Abend, wenn ich schlafen gehe, danke ich „dem da oben" dafür.

SP: Wie war diese Zeit damals? Als du anfingst Fußball zu spielen, in den 1950er-Jahren, gab es ja dieses eine besondere Erlebnis: „Das Wunder von Bern." Und jeder fußballbegeisterte Junge hat Vorbilder. Kannst du uns mitnehmen in dein Jahr 1954?

WO: Als Kind habe ich oft Fußball gespielt. Wenn wir keine Mannschaft zusammenbekamen, habe ich meist zu Hause gegen die Wand gespielt. Das war die Alternative. Einen Fernseher hatten wir nicht, der war damals vielen zu teuer. Ich habe die Weltmeisterschaft also am Radio mitgehört. Und obwohl ich Kölner war und Hans Schäfer toll fand: Fritz Walter war mein Idol. Wenn der gedribbelt hat, wie der die Pässe spielte …

SP: Dachtest du da schon, Fußball könnte auch deine Zukunft sein?

WO: So weit habe ich damals nicht gedacht. Ich hatte ja als kleiner Junge keine Ahnung, was es dafür braucht und was da eigentlich gefordert wird. Auch die Bedeutung der WM 1954, dass sie jetzt für Deutschland der große Durchbruch war, dass man damit in der Welt wieder anerkannt wurde und deshalb der Titel so besonders war, war für mich noch nicht erkennbar.

Fritz Walter war damals mein Ein und Alles – so zu spielen wie Fritz Walter.

SP: Du bist 1943 geboren und im rheinischen Siegburg großgeworden. Auf diese Stadt wurden Ende des Zweiten Weltkriegs an die 5.000 Bomben abgeworfen, bis 1945 wurde Siegburg nahezu eingeebnet. Woran erinnerst du dich?

WO: Ich weiß noch, wie meine Mutter mich mit in den Keller genommen hat. Wir hatten ein Reihenhaus und da unten im Keller waren große Löcher in den Wänden. Wenn es irgendwo einen Einschlag oder Angriffe gegeben hatte, ist man da durchgerannt zu den Nachbarn. Das ist das Einzige, woran ich mich noch erinnere.

SP: In der Nachkriegszeit hast du dann mit dem Fußball begonnen. Erst auf dem Bolzplatz, später auf dem Aschenplatz in der Schülermannschaft des Siegburger SV 04, deines ersten Vereins. Aber die Asche war dunkel, nicht rot wie bei mir als ein Kind der 70er-Jahre.

WO: Das war kein Aschenplatz, wir spielten auf richtiger Asche, da waren überall dicke Klumpen drin, vor allem lagen die an den Ecken des Spielfelds. Nach jedem Training und Spiel hattest du die Beine aufgeschürft. Wir Jungs haben uns darüber nie beschwert, wir kannten ja schließlich keine Rasenplätze. Ich glaube, das hat mit dazu geführt, dass wir Mumm bekamen und keine Angst mehr vor dem Gegner und Zweikämpfen hatten.

SP: Also mit ein Grund dafür, dass aus dir ein genialer Fußballer wurde?

WO: Die Beurteilung über meine Art zu spielen überlasse ich anderen, Sportjournalisten wie dir. Ich wäre der Letzte, der das sagen würde.

SP: Aber als Kind stellst du ja irgendwann fest: Mensch, ich bin immer der Erste, der in die Mannschaft gewählt wird. Wann hast du gemerkt, dass der Ball dein Freund ist?

WO: *(lacht)* Das ist nur Flachs.

SP: Ne, das ist kein Flachs. *(lacht)* Wenn du von jemandem wissen willst, ob er gut Fußball spielen kann, fragst du: Ist der Ball dein Freund? Für dich bedeutet das hopp oder top. – Wann hast du das bei dir gemerkt?

WO: Relativ früh. Schon in der Jugend war ich jemand, der dribbeln konnte, aber dass man jetzt an sich selbst merkt, ich bin ein Kämpfer oder eher ein Techniker, das sagen einem die anderen, wenn man weiterkommt und erwachsener wird.

SP: Einer davon, Helmut Schön (deutscher Bundestrainer von 1964–1978), hat mal später über dich gesagt: Du bist überall auf dem Platz. Er hat nicht nur gesagt, hier ist ein toller linker Fuß mit guten Ideen, sondern jemand, der kämpft. Sind das Qualitäten, die du mitgebracht hast von diesem verklumpten Aschenplatz, wo du keine andere Wahl hattest, als zu sagen: Ich muss mich hier durchbeißen?

WO: Du musst kämpfen, wenn du was erreichen willst, Gas geben. Ich glaube, es ist eine seltene Gabe, wenn man a) ein guter Fußballer ist und b) auch zur Sache gehen kann. Du musst dich wehren können und dir sagen: „Vergiss den Platz, egal!" Du musst kämpfen können, wenn es drauf ankommt – das gilt nicht nur auf dem Platz. Und das, glaube ich, habe ich meinem Elternhaus zu verdanken, wo kämpfen angesagt war, aber auch meinem Naturell, dass ich immer dagegenhalten wollte.

SP: Das Haus deiner Eltern ist heute noch in deinem Besitz, nicht wahr?

WO: Meine Mutter starb relativ früh an plötzlichem Herzversagen. Und als unser Vater starb, waren wir nur noch fünf Geschwister. Da haben mein ältester Bruder und ich das Haus an die anderen ausgezahlt. Jetzt gehört es mir und zwei Kindern meines inzwischen ebenfalls verstorbenen Bruders. Es ist fast hundert Jahre alt und kein wertvolles Objekt.

SP: Vermutlich ist es von all deinen Häusern, die du als Immobilienunternehmer besitzt, das mit dem geringsten Wert, aber es bedeutet dir sicher am meisten, sonst hättest du es ja nicht.

WO: Ja, ich bin dort aufgewachsen und die Erinnerungen an damals sind natürlich sehr stark. Als kleiner Junge habe ich oft auf der Straße vor unserem Haus Fußball gespielt, da fuhren kaum Autos. Wir Kinder kamen immer aus den Häusern raus, haben zwei Tore aufgestellt und dann ging es los. Meine Mutter lehnte dann öfters im Fenster. Aber immer nach dem 15. des Monats rief sie mich: „Wolfgang, komm mal!"

Dann musste ich bei ihr antanzen, mit einem Zettel dreihundert Meter weiter im Laden einkaufen und die Sachen anschreiben lassen. Wenn mein Vater dann am Monatsersten mit dem Geld kam, ging sie bezahlen und wieder einkaufen. Aber ab dem 15. eines jeden Monats war ich wieder dran.

SP: Glaubst du, deine Eltern haben sich dafür geschämt?

WO: Weiß ich nicht. Ich glaube nicht. Alle Menschen lebten ja damals so und versuchten, irgendwie zurechtzukommen. Kann ich also nicht sagen. Aber natürlich habe ich als Kind gemerkt, was das für ein schwieriges Leben war, das wir hatten.

SP: In der Alten Lohmarer Straße, wie war das damals bei euch zu Hause?

WO: Mein Vater Heinz war in zwei Weltkriegen gewesen. Als ich 1943 im Krieg geboren wurde, waren bereits zwei meiner Geschwister verstorben, wir Kinder waren eigentlich zu acht. Die Leistung von meiner Mutter in dieser Zeit ist unvorstellbar: so viele Kinder zu Hause und der Mann irgendwo im Krieg. 1944 kam er mit einer Verletzung am Arm wieder und war später angestellt im Büro der Stadtkasse in Siegburg. Ich kann nur mit Stolz von meinen Eltern reden, wie beide, mein Vater und meine Mutter, all das geschafft haben.

SP: Was hattest du für ein Verhältnis zu deinem Vater?

WO: Er war für mich eine Autoritätsperson. Die Generation meines Vaters war eine ganz andere als die der heutigen Väter.

Er war kein Vater, so wie du sicher, der mit seinem Sohn spielte. Das war früher ein ganz anderes Familienleben.

SP: Ich bin da wohl eher ein moderner Papa, ich war in jeder Krabbel- und Babyschwimmgruppe dabei, als einziger Mann.

WO: Mein Vater war ein Patriarch, aber lieb war er auch. Ich erinnere mich noch: Einmal habe ich von ihm so richtig eins hinter die Ohren bekommen. Ein paar Hundert Meter von unserem Haus entfernt gab es damals ein Jugendheim mit so einem großen Keller. Da habe ich mit den anderen Jungs aus unserer Straße gespielt, im Herbst oder Winter. Beim Spielen haben wir die Zeit vergessen und es war schon dunkel geworden. Als wir dann da rauskamen, hörte ich meinen Vater rufen: „Wolfgang!" Der hat sich bestimmt Sorgen gemacht, dachte ich. Da bin aber gespurtet. Mein Vater war ganz außer sich, und wahrscheinlich hat ihn die Sorge um mich so aufgeregt, dass er mir gleich eine geknallt hat, aber so richtig. Ich bin dann ab zur Mama und zu ihr auf den Schoß, ich war schließlich noch ein kleiner Kerl. Aber, so war das Leben früher. Der Vater war eine Autorität. Wenn der Alte etwas gesagt hat, egal was, dann war das Gesetz. Doch mein Vater war ein ganz feiner Kerl, nur hatte er eine andere Art, das zu zeigen, und es war in den 50er-Jahren eine andere Zeit. Ein Mensch wie er, der in seinem Leben so viel geleistet hat – zwei Weltkriege überlebt, acht Kinder bekommen und drei davon starben –, das ist einfach unvorstellbar.

SP: Deine Familie hat viel Leid erlebt. Dein ältester Bruder Heinz, benannt nach deinem Vater, ist als Soldat an der Ostfront gefallen.

WO: Mit 19 Jahren hat er Abitur gemacht und ein Medizinstudium angefangen, dann wurde er eingezogen, nach Russland geschickt und ist nicht mehr wiedergekommen. Und der andere, Dieter, ist vor den Augen der Eltern erschossen worden.

SP: Wie kam es dazu?

WO: Das passierte kurz vor Kriegsende, er war 14 oder 15 und wollte Wasser holen für eine Nachbarin, die gerade ein Kind bekommen hatte. Hinter den Häusern verlief die Hauptstraße, dort war der Brunnen. Meine Eltern standen am Fenster und sahen, wie der Dieter da runterging, und riefen noch: „Dieter, komm zurück! Komm zurück!" Denn da unten lagen Soldaten, keine Ahnung welche Nation. Dieter wurde sofort erschossen … Grausam! Die Eltern stehen da und sehen zu, wie der eigene Sohn … *(stockt)*.

SP: Entsetzlich! Er wollte ja nur etwas Gutes tun.

WO: Er hat sich keine Gedanken um die Situation gemacht, er wollte nur helfen. Ich weiß bei keinem Menschen, ob er in den Himmel kommt, aber bei Dieter weiß ich, er wird ganz oben einen Platz haben.

SP: Und es gab noch eine Schwester, Margarethe, die im Alter von einem Jahr gestorben ist.

WO: Damals war es ja so, dass Kinder, die manche Kinderkrankheiten bekamen, diese oft nicht überlebt haben. So war das auch bei ihr.

SP: Drei Kinder verloren, was für ein Trauma für die Familie … Da frage ich dich, Wolfgang, auch als Christen: Wo ist da Gott? Wie bringst du das überein mit deinem Glauben, dass Gott so etwas zulässt? Das ist doch schon eine Frage, die man sich da stellen kann, oder?

WO: Die muss man sich sogar stellen. Aber ich glaube, dass der Herrgott dem Menschen auch gewisse Freiheiten lässt. Dass er ihm nicht sagt, so, du gehst jetzt nur noch nach links oder rechts, sondern dass du auch selbst Dinge entscheiden musst. Daran glaube ich. Wenn Dieter sich entscheidet, zum Brunnen runterzugehen, dann hat er diese Entscheidung getroffen. Ich glaube, das kann man nur so und nicht anders beurteilen. Wenn man es so sieht, dass Gott es hätte verhindern können, dann dürfte es ja keinen Krieg, keine Katastrophe, keinen Tod und gar nichts dergleichen mehr geben. Dann müsste der Herrgott von oben sagen: Schluss damit! Ich glaube nicht, dass das möglich ist. Ich glaube vielmehr, dass der Mensch in gewissen Bereichen eine Entscheidungsfreiheit hat und dass „der da oben" sagt: Du musst das schon selbst entscheiden. – Er lässt dem Menschen diese Freiheit. Der eine nutzt sie so, der andere so.

SP: Du sagst, ihr musstet nach dem Krieg ab Mitte des Monats anschreiben lassen und du warst immer derjenige, der mit dieser Bitte zum Tante-Emma-Laden laufen musst. Was war denn mit deinen Geschwistern?

WO: Die waren alle irgendwo schon unterwegs. Ich war ja der Letzte, der Jüngste und immer da. Meist war ich draußen vor der Haustür, wo ich Fußball gespielt habe. Für meine Mutter war daher schnell klar: Der Kleine muss rübergehen.

SP: Was hat das denn mit dir als Kind gemacht, darum bitten zu müssen, dass ihr als Familie etwas zu essen bekommt?

WO: Wenn du so etwas als junger Mensch machst, dann prägt dich das ein Leben lang. Unbewusst. Das sage ich heute rückblickend. Ich habe damals in der Situation meine Eltern über alles geliebt und sie für alles bewundert, was sie getan und versucht haben. Ich habe mir da immer gesagt, obwohl ich so ein kleiner Kerl war: Was haben die zwei für ein armes Leben! Was die kämpfen müssen … Und vielleicht hat mich das persönlich – im Sport wie im Leben – so weit gebracht, dass ich mir selbst gesagt habe: Wenn du was erreichen willst, musst du fighten und bis zu dem Punkt gehen, den du anstrebst. Und der war für mich: Ich will jeden Abend sorgenfrei ins Bett gehen können und von keinem mehr abhängig sein, weder von einer Bank noch von einer Firma. Das war mein Ziel. Also genau das Gegenteil von dem zu erreichen, was ich bei meinen Eltern erlebt habe. Sie waren wahnsinnig feine Menschen, und ich habe sie über alles geliebt, aber das war der springende Punkt. Und hinzu kam, dass ich vielleicht auch ein bisschen der Typ bin, der sich sagt, ich will nicht, dass mir das noch mal passiert, was meinen Eltern passiert ist.

SP: Also, egal was im Leben passiert, dagegenhalten?

WO: Ich erzähl dir ein Beispiel: Bei der WM-Qualifikation 1969 in Glasgow hatte Schottland mit Billy Bremner einen sehr starken Außenläufer, und der lange Schön sagte vor dem Spiel zu mir: „Du spielst gegen den! Wenn der kommt, musst du hinter ihm her sein." Für einen Zehner und Offensivspieler wie mich war das nicht einfach. Und dann kam der Bremner, und ich immer drauf, immer drauf. Doch während des Spiels wendete sich das Blatt. Nachher musste er hinter mir herlaufen. Da war der lange Schön ganz happy. Und ich glaube, genau das habe ich meinem Elternhaus zu verdanken, wo kämpfen angesagt war. Da wusste ich auch immer, was zu tun war.

SP: Was lebt sonst noch als Erinnerung an deine Eltern in dir weiter?

WO: Mit meinen Eltern musste ich immer Skat spielen. Das werde ich nie vergessen. Meine Geschwister, die beiden Mädchen, die drei und noch mal drei Jahre älter waren, waren da schon oft unterwegs, und ich musste, wenn ich nicht auf der Straße Fußball gespielt habe, mit meinen Eltern Skat spielen. Und: Meine Mutter war eine herzensgute Frau. Sie ist mit Mitte 50 gestorben. Sie wäre so stolz gewesen, wenn sie die ersten Jahre der Bundesliga noch miterlebt hätte. Mein Vater hat die ja noch miterlebt und sich auch sehr gefreut, wenn wir von den Weltmeisterschaften zurückkamen. Da waren dann alle Nachbarn bei ihm, und er war jedes Mal ganz happy und stolz. Und ich erinnere mich auch: Die beiden haben immer nach außen getragen, wie stolz sie auf mich waren.

SP: Als Erwachsener kann man ja seinen Eltern genau das zurückschenken, dass sie stolz auf ihr Kind sein können.

Und wenn man ihnen schon recht früh etwas vom eigenen Erfolg zurückgibt, bereichert das ja auch ihr Leben, sonst wäre das Verhältnis im Laufe der Jahre recht einseitig.

WO: Einfach gesagt: Sie bekamen vielleicht etwas von dem zurück, wofür sie alles getan haben.

SP: Nun hattest du schon recht früh Erfolg vorzuweisen, aber ist es dir nicht trotzdem schwergefallen, deinem Vater damals zu sagen: „Ich mache kein Abitur."? Schließlich musste er sich das Schulgeld vom Munde absparen.

WO: Die zehn D-Mark haben ihm schon wehgetan, aber die waren nicht so entscheidend. Entscheidend war, dass er glaubte, Profifußballer zu sein sei kein Beruf, und dass ich irgendwann mit dem Fußball aufhöre und ohne was Solides dastehe. Seine größte Angst war, dass ich irgendwo verletzt werde und dann keinen Beruf hätte. Dass ich dann kein Abitur gemacht habe, hat ihm sehr wehgetan. Da war ich aber schon selbst gefestigt und überzeugt genug und habe ihm gesagt: „Pass auf, ich mach das jetzt mit dem Fußball, ich will das." Trotzdem hat er lange darunter gelitten. Vier oder fünf Jahre später, da war er schon weit über siebzig und hatte keine Stimme mehr aufgrund einer Kehlkopfoperation, er hatte ja geraucht wie ein Schlot und Krebs gehabt und eins von diesen Dingern bekommen …

SP: … du meinst so eine elektronische Sprechhilfe, die ja damals ganz merkwürdig klang, aber mit denen die Patienten wenigstens wieder etwas sprechen konnten?

WO: Ja, da habe ich ihn in meinem Wagen mitgenommen und wir sind zu ein paar Häusern und einer Halle gefahren, die ich damals schon besaß. Ich habe ihm all das gezeigt und … *(stockt)* – das fällt mir heute noch schwer, darüber zu reden – … habe ihm gesagt: „Das hier habe ich gebaut und das und das …" Nachdem wir dann zurück zum Auto gegangen und wieder eingestiegen waren, saß er da und heulte …

SP: Das ist wirklich sehr bewegend. *(pausiert)* **Bei all dem Schweren, was er erlebt hat. Was waren das für Tränen?**

WO: Wahrscheinlich der Erleichterung und der Freude, denn er hatte ja eine ganz andere Vorstellung von meinem Leben. Er dachte immer, wenn dem Jung morgen etwas passiert, dann hat der gar nichts mehr. Er selbst besaß ja bis auf das Haus auch nicht viel. Da war kein Geld. Voller Freude war er in dem Moment im Auto gewesen. Und als ich dann anschließend jede Woche bei ihm zu Hause vorbeigefahren bin, war er ganz happy. Ich habe ihm hundert Hemden geschenkt. Und er hat sich jedes Mal gefreut, wenn ich ihm ein neues mitgebracht habe. Als er dann starb, waren in seinem Schrank immer noch die hundert Hemden.

SP: Nicht ausgepackt?

WO: Sie waren nicht ausgepackt. Er hat stets seine alten Klamotten angezogen. Er wollte immer sparen.

SP: Doch er hat sich immer gefreut, wenn du ihm was mitgebracht hast. War das für ihn das Wichtigste?

WO: Für ihn war das eigene Haus schon eine Riesensensation, und jetzt komme ich und baue zehn, fünfzehn Wohnungen und eine Halle. Wie er das gesehen hat, hat er vor lauter Freude gesagt: „Was ist denn hier los?" Und jedes Mal, wenn ich zu ihm gekommen bin, hat er mich gedrückt. Das war schon toll. So ist er dann auch seinen letzten Weg gegangen.

SP: Dein Vater gehört natürlich zu einer Generation, die größtenteils schon nicht mehr unter uns ist. Menschen, die noch wissen, was Krieg und Entbehrung bedeuten. Und was anderes danach erleben zu dürfen, bewegte diese Menschen dann schon. Meine Frau hat kürzlich noch erzählt, was sie immer an ihrer verstorbenen Oma gerührt hat. Sie ist fast 95 Jahre alt geworden und hat sich jeden Morgen, selbst im hohen Alter noch, bevor sie aufgestanden ist, gefragt: Wofür kann ich heute dankbar sein? Den Gedanken, so den Tag zu beginnen, finde ich sehr inspirierend. Das können ja Kleinigkeiten sein – wie das Hemd, das mir mein reicher Sohn schenkt, das ich aber gar nicht brauche. Denn selbst für die noch viel kleinere Geste dahinter kann man ja dankbar sein.

WO: Ich habe wirklich fünfzig Jahre lang gepowert, immer weitergemacht, gebaut und so weiter, aber die richtige Dankbarkeit, die entwickelt man in jungen Jahren noch nicht. Da geht es nur vorwärts und weiter, aber so seit zwanzig oder dreißig Jahren gehe ich keinen Abend ins Bett, ohne zuvor „dem da oben" zu danken, dass ich dankbar und zufrieden sein darf.

SP: Du betest also?

WO: Ich glaube, dankbar und zufrieden zu sein, ist das Schönste, was es im Leben gibt. Dass man sich abends hinstellen und „dem da oben" sagen kann: Vielen Dank! Ich glaube, das kannst du auch.

SPIELEN UND GEHEN, SPIELEN UND GEHEN

„Als Verteidiger hätte ich mich genauso verhalten."

SP: Als du 1953 in Siegburg mit dem Fußball anfingst, war dort Karl Pöttgen Trainer, der dich „Dat Liebsche" nannte. Wie kamst du als Kerl zu diesem Spitznamen?

WO: Ich war so klein von der Statur. Damals gab es noch keine A-, B-, C- und D-Mannschaften, da gab es zwei Gruppen, und als Kleiner musstest du eben mit den Großen spielen.

SP: „Dat Liebsche" bedeutet ja übersetzt „der liebe Junge". Wie kam der denn darauf? Nur, weil du so klein warst und so einen frischen Blick hattest?

WO: Siegburg war damals eine Fußballstadt, die erste Mannschaft ist ganz weit gekommen, fast bis zum Aufstieg. Und da spielten wir mit. „Der Kleine" *(zeigt auf ein Mannschaftsfoto, das auf seinem Schreibtisch liegt)* und ich waren gute Fußballer, aber von uns beiden konnte ich besser Fußball spielen. Ich vermute, die Leute hatten einfach viel Spaß daran, wie ich auf dem Fußballplatz gedribbelt habe, und da haben die immer „Liebschen" zu mir gesagt.

SP: Du bist nicht groß von Wuchs, Wolfgang, aber „der Kleine" da neben dir war ja noch kleiner als du. Weißt du, was aus dem geworden ist?

WO: Keine Ahnung. Ich weiß nur noch, ich habe ihn immer das „Super-Liebsche" genannt. *(lacht)*

SP: Karl Pöttgen ist dein erster Entdecker gewesen. Was war er für ein Mensch?

WO: Das war jemand, den konntest du manchmal nicht ertragen, wenn er über den Platz schrie. Aber er hat sich tagein, tagaus um die Jugend in Siegburg gekümmert, er hatte sein ganzes Leben dem Verein verschrieben. Und er hatte das große Glück, dass er das zu einer Zeit tat, als die Frauen noch nicht emanzipiert waren.

SP: Moment, das kannst du so nicht stehen lassen, das musst du erklären.

WO: *(lacht)* Ich bin schon dabei: Der Karl Pöttgen hat bei der Bahn gearbeitet, kam mittags um zwei nach Hause und um drei Uhr fand das erste Training statt. Seine Frau musste für ihn das Essen machen und sich um alles kümmern und anschließend ging er zum Fußball. Jeden Nachmittag stand er um drei Uhr auf dem Platz. Dort war er dann für den Rest des Tages, von drei bis sieben oder acht Uhr, und trainierte immer andere Gruppen – mit einem alten Ball, und wenn er einen neuen hatte, war er ganz happy. Und dann war er auch wieder am Schimpfen. Abends ging er nach Hause und brachte die schmutzigen Trikots seiner Frau mit. Sie musste ihm wieder was zu essen machen, die Klamotten waschen – und mit diesem Leben zufrieden sein. So hat der Karl Pöttgen gelebt. Und da brauchte er eine Frau, die das mitmachte. Heute würden das deine und meine Frau, wie auch andere Frauen, nicht mehr mitmachen. Wir haben, Gott sei Dank, andere Zeiten. Wir sind ein großes Stück weiter, aber früher war so etwas für viele Frauen ihre Lebensrolle.

SP: Und dann hat Karl Pöttgen irgendwann Karl-Heinz Heddergott angerufen, sodass der in Siegburg auf dem Platz stand und dich nach Köln rübergelotst hat?

WO: Das weiß ich nicht. Karl Pöttgen war eher der Typ, der sich gesagt hat: Sag lieber nicht zu viel, sonst holen andere ihn noch weg.

SP: Aber genau so war es ja dann. Wie kamst du denn in die Schülernationalmannschaft?

WO: Ich glaube nicht, dass Karl Pöttgen das vom Ansatz her verfolgt hat.

SP: Er wollte dich also als Spieler viel lieber in Siegburg behalten?

WO: Da ich in Siegburg gewohnt habe, nur ein paar Kilometer von der Sportschule Hennef entfernt, kann es schon sein, dass er mal gesagt hat: Da habe ich einen guten Spieler. – Ich weiß es aber nicht. Jedenfalls ging es zu der Zeit für mich richtig los. Ich bin nämlich nicht nur zu Pöttgen hin, sondern auch zur Sportschule gegangen. Wie verrückt bin ich damals hin- und hergependelt, mit dem Bus oder Fahrrad zwei- bis dreimal die Woche nach Hennef. Karl-Heinz Heddergott war dort

Verbandstrainer, betreute die DFB-Schülerauswahl und versuchte sich später in den 80er-Jahren auch ein paar Monate als Trainer beim 1. FC Köln. Er war ein ähnlicher Typ wie Karl Pöttgen, auch fußballverrückt: Jugend, Amateure, trainieren und arbeiten – das war seine Welt. Wir haben dann immer in der Halle gegen Spieler aus Lehrgängen, die am Ende da waren, gespielt – er und ich mit zwei anderen Guten gegen vier andere. So hat das für mich in Hennef angefangen. Jedes Mal, wenn ich da war, haben wir zum Schluss noch trainiert, Kopfball und alles andere. Und da hat er wohl gesehen, der Overath kann ein bisschen was. So bin ich in die westdeutsche und schließlich in die deutsche Jugendnationalmannschaft gekommen.

SP: Früher gab es nicht so wie heute diese Sichtungslehrgänge, dass man als Talent irgendwelchen Scouts auffällt oder in Nachwuchsleistungszentren gefördert wird. Du warst einer, der so in die Jugendnationalmannschaft gekommen ist. Was meinst du: Gab es früher viele begabte Fußballer, die nur deshalb nicht entdeckt wurden, weil das System ein anderes war?

WO: Man kann das nicht vergleichen. Früher war das ein ganz anderes System, da ging alles über die Vereine. Es gab die Mittelrhein-Auswahl und dann den nächsten Kader, die westdeutsche und die deutsche Auswahl. Ich habe die alle durchlaufen und war das erste Mal bei der Schülernationalmannschaft in England dabei.

SP: Da angekommen hast du mit der Juniorennationalmannschaft in Wembley vor über 100.000 Zuschauern gespielt.

Ihr habt 0:2 verloren, das Rückspiel aber 4:1 gewonnen. Da ging dein Stern langsam auf, oder?

WO: Da fing es an.

SP: Hat das denn deine Mutter noch mitbekommen?

WO: Ich hätte es ihr so gegönnt, dass sie noch mehr davon miterlebt hätte, wie es weiterging, weil sie so stolz auf mich gewesen ist. In den Zeitungen gab es ja auch so ein kleines Bild, wo immer stand, der spielt da und da. Leider hat das nicht geklappt. 1958 ist sie bereits gestorben.

SP: Mit der Zeit findet man sich ja selbst als Spieler. Du hast mal gesagt: „Wenn du alles gespielt hast, dann hast du nichts wirklich gut gekonnt." – Du warst ein Zehner und bist als solcher in die Fußballgeschichte eingegangen. Wann war für dich von der Mentalität auf dem Platz eigentlich klar: Ich bin ein Spielmacher?

WO: Als ich jung war, so wie damals in Wembley, habe ich das noch nicht erkannt. Das kam erst später. Im eigenen Verein spürt man so etwas natürlich schon eher, da ist man sofort derjenige, um den sich etwas dreht. Aber wenn ich zu Auswahlmannschaften kam, dauerte es etwas länger. Irgendwann merkst du aber: Du bist ein Spieler, der das Spiel in die Hand nehmen kann, ja muss. In der ganzen Art, wie du kommunizierst und mit den anderen umgehst, und das fing bei mir mit 16 oder 17 an. Da habe ich mich allerdings oft heute noch zu entschuldigen, wie ich damals zum Teil mit den anderen Spielern umgegangen bin.

SP: Warum?

WO: Weil ich manchmal brutal war, auch über Grenzen hinweg, später auch beim FC.

SP: Das ist halt ein Tierreich auf dem Platz, oder?

WO: Da geht es schon rund, einige mussten da viel einstecken. Nach dem Spiel habe ich aber immer den Weg zum anderen gesucht und ihm gesagt: „Das war nicht so gemeint." Aber manchmal sind da schon Sachen passiert, die sind nicht fürs Buch.

SP: Ist das die Stelle, an der du sagst: Ich bin tiefgläubig, aber nicht perfekt?

WO: *(lacht)* Für mich war ich ja perfekt, weil es zu meinem Spiel gehörte, aber gegenüber den anderen Menschen war es oft nicht so fein, sauber und anständig.

SP: Auch du hast Federn lassen müssen in deiner Karriere. Du warst in Siegburg ziemlich erfolgreich, warst Mittelrhein-Meister und Westmeister, und dann habt ihr in der deutschen Amateurmeisterschaft im Finale gespielt, 1961, gegen Holstein Kiel.

WO: Da habe ich schon nicht mehr in Siegburg gespielt. Nur bis zur Jugend war ich dort, und wegen des Wechsels nach Köln war ich ja ein Jahr lang gesperrt.

SP: Also hätte wohl Siegburg gewonnen mit dir. *(lacht)* **Wie kam denn zu der Zeit der 1. FC Köln für dich ins Spiel?**

WO: Das war im letzten Jahr in der A-Jugend. Richard Pelzer vom 1. FC Köln kam zu mir, er war vom „Boss" (Franz Kremer) geschickt worden. Ich hatte bereits mehrere Anfragen vorliegen, von Dortmund und noch einem anderen Verein aus Köln. Damals gab es ja noch keine Spielerberater, da kamen die Vereine selbst vorbei. Der FC stand zu der Zeit in voller Blüte da, war deutscher Meister geworden und Franz Kremer (erster Präsident des 1. FC Köln) in vielem den anderen weit voraus: Für junge Leute war der FC *der* Verein, da gab es keinen anderen. Und dann kam der FC zu mir, … aber das Problem war ja dann, dass ich im ersten Jahr gar nicht mitspielen durfte.

SP: Man muss dazu wissen, die damaligen Statuten lauteten so, dass Spieler ein Jahr gesperrt waren, ehe sie Lizenzspieler werden konnten.

WO: „Was machen wir denn da?", habe ich Franz Kremer gefragt. Er sagte, wir machen für dich Extra-Spiele beim FC. Und ich sollte das ganze Jahr über mit der ersten Mannschaft trainieren. Also, die beim FC hatten schon das Gefühl, dass sie mit mir einen gefunden hatten, der ein bisschen was konnte. Zur gleichen Zeit haben sie auch „Bulle" von Porz geholt.

SP: Wolfgang „Bulle" Weber, mit dem du ja später auch das WM-Finale 1966 gespielt hast und der in der 90. Minute den Ausgleich zum 2:2 geschossen hat.

WO: Feiner Kerl und ein großer Fußballer. In seiner Art sensationell.

SP: Wie ging es dann weiter?

WO: Das war alles gut vorbereitet. „Bulle" und ich haben immer mit der ersten Mannschaft trainiert. Und Siegburg hat eine Ablösesumme bekommen, ich weiß nicht mehr, wie viel es war.

SP: Ich habe etwas von 12.000 D-Mark gelesen.

WO: Kann sein, jedenfalls war es damals viel Geld für den Verein.

SP: Und dann ging es nach einem Jahr Training in die Bundesliga?

WO: Als ich das Jahr trainiert habe, hat sich ja vieles parallel entwickelt, sodass ich dachte, jetzt wirst du endlich Spieler. Natürlich wollte ich mit Beginn der Bundesliga sofort in die erste Mannschaft, da begann ja alles, kurz darauf auch die Übertragung ins Fernsehen und so. Aber ich erinnere mich auch noch gut daran, dass wir vor dem Beginn Freundschaftsspiele gemacht haben, und beim Kölner Stadtanzeiger gab es so einen Journalisten, Jupp Müller, den kennst du, oder?

SP: Ich habe den noch bei Pressekonferenzen erlebt. Der saß immer neben noch einem anderen Journalisten, der Wolf hieß. Die beiden waren wirklich einmalig.

WO: Jedenfalls haben wir irgendwo mal in Euskirchen auf Asche gegen so einen kleineren Verein gespielt und da habe ich sofort Doppelpässe und Tore gemacht. Darüber hat der Jupp Müller wohl mal geschrieben: „Was ist das denn hier? Wo haben sie den denn hergeholt?" – So fing das an mit der Aufmerksamkeit. Und dann folgte das erste Spiel in Saarbrücken: Tor. Und das Doppelpass-Spiel war ja in der damaligen Zeit noch nicht so bekannt, aber in den ersten vier, fünf Spielen beim FC habe ich immer Tore gemacht. Eine meiner Stärken war auch: spielen und gehen, spielen und gehen. Ein guter Fußballer macht genau das. Wenn dann der Hans Schäfer kam, Fuß dahin und Tor. Die Art, wie wir zu der Zeit in Köln gespielt haben, war den anderen schon ein Stück voraus. Doppelpässe und das In-die-Gasse-Spielen sind erst in den Jahren danach gängiger geworden.

SP: Erinnerst du dich, welche Ziele du als junger Mensch hattest? Ich meine, du hast später drei Fußballweltmeisterschaften gespielt. Das wusstest du ja aber noch nicht, als du 1964 mit dem 1. FC Köln Deutscher Meister wurdest.

WO: Ich hatte vom Profifußball überhaupt keine Ahnung.

SP: Heißt das, du wolltest einfach nur Fußball spielen?

WO: Eigentlich war das Ziel erst einmal durch meinen Vater vorgegeben: Abitur und anschließend irgendetwas Kaufmännisches machen. Das entsprach auch meiner Vorstellung. Doch dann kippte das Ding. Mit 15 oder 16 kam ich zur Jugendnationalmannschaft, da habe ich zwei, drei Jahre gespielt und irgendwann gemerkt, möglicherweise bin ich in der Lage, im Fußball weiterzukommen. Man muss sich da schon selbst einschätzen können. Und ich hatte nie das Gefühl, du gehst in deinen Gedanken jetzt zu weit. Ich habe mich immer selbst gefordert und mir gesagt: Das kannst du schaffen. Und dann kam dieses Angebot vom 1. FC Köln, aber ich hatte keine Ahnung, was da überhaupt stattfindet, was man da an Geld verdient und so weiter. Für mich war bloß klar: Ich war ein junger Mensch aus der Region Köln, ich hatte zwar auch andere Angebote, aber der FC war damals so von Bedeutung wie heute Bayern München. Mir war nur wichtig: Bundesliga, die erste große Liga, wo du nicht mehr über West- oder Nordliga gehen musstest ... und ab zum FC. Ich wollte da spielen und zeigen, dass ich in so einem Verein und der Bundesliga bestehen kann.

SP: Auf was für eine Art von Fußball bist du da in der obersten Spielklasse gestoßen und was hast du, mit deiner Art Fußball zu spielen, neu eingebracht?

WO: Neu war die Größe, die der Fußball auf einmal durch die Bundesliga entwickelte. Als junger Kerl hatte ich von all den taktischen Dingen überhaupt keine Ahnung. Ich kam dahin, war ein passabler Fußballer und wusste, ich hatte eine Aufgabe: Tore machen, andere einsetzen und hinterhergehen. So lässt sie sich zusammenfassen. Aber ich wusste mit dem Profi-Dasein zunächst nichts anzufangen. Ich hätte Fußball genauso gespielt wie heute, bis zum heutigen Tag, wenn es kein Geld dafür gegeben hätte. Ich war zwar immer hinter der Kohle her und wollte viel Geld verdienen, aber das hat mich im Fußball nie motiviert. Anders gesagt: Ich hätte später, 1974 in München, auf die WM-Siegprämie von 70.000 D-Mark gut verzichten können, nicht aber auf den Sieg. Das Spiel zu verlieren, wäre grausamer für mich gewesen. Aber Geld wurde mit der Zeit im Fußball mächtiger. Wenn du siehst, dass heute Leute für einen Spieler bis zu 300 Millionen zu zahlen bereit sind – das ist Wahnsinn!

SP: Man sagt, du warst einer, wenn nicht der größte Regisseur im deutschen Fußball. Aber bist du am Anfang nicht dem Ball viel mehr hinterhergerannt, als dir lieb war?

WO: Ich hatte ja Hans Schäfer neben mir. Er war der Kopf in unserer Mannschaft, obwohl er nie ein Spielmacher war. Er war ein schneller Flügelflitzer, der flanken konnte, und Ottmar Walter hat das Ding dann reingeköpft. Meine Aufgabe hatte er so gesehen: Du spielst im Mittelfeld, die Zehn. Und dann spielst du eben an der Position das, was der Mannschaft am meisten bringt. Und meine Stärke war, viele Tore zu machen und andere einzusetzen. Das hat sich alles von selbst und bei jedem über die Zeit weiterentwickelt.

SP: Kann man es so sagen – aus jugendlicher Begeisterung hast du erst mal gespielt und später wusstest du dann auch, wie du spielst?

WO: Genau, ungefähr so kann man es beschreiben.

SP: War das denn am Anfang auch gleich von Erfolg gekrönt?

WO: Sofort. Ich habe nach dem Jahr Sperre im ersten Jahr alle Spiele gemacht, wir sind Meister geworden und nach vier oder fünf Spielen war ich schon bei der Nationalelf, also da funktionierte alles. Und es ist ja im Fußball so: Je sicherer du wirst, desto stärker wirst du auch. Normalerweise, wenn du 19 bist und dann mit so alten Hasen spielst, die schon Deutscher Meister geworden sind, dann hast du Respekt und hältst Abstand, aber irgendwie habe ich schnell gemerkt: Du kannst ein bisschen was und kannst auch mit denen mithalten.

SP: Das muss man als Charakter wohl mitbringen, Wolfgang. *(lacht)* **Also, das Zepter ergreifen und sagen: Hier bin ich. Ist das bei dir so?**

WO: Ja, vielleicht ist es aber auch ein bisschen egoistisch.

SP: Ist es das?

WO: Weiß ich nicht.

SP: Findest du es egoistisch?

WO: Weiß ich nicht.

SP: Ist Egoismus schlecht?

WO: Ja! Insgesamt gesehen ist Egoismus etwas Schlechtes.

SP: Und trotzdem gibt es Situationen, in denen du sagen musstest, jetzt bin ich dran, oder?

WO: Ja, sonst wäre ich nicht weitergekommen. Doch ein Egoist sein: nein! Aber es gibt Momente, in denen du egoistisch denken und sagen musst: Das will ich!

SP: Das ist ein schmaler Grat, auf dem man da balanciert. Und vielleicht ist der Glaube gar nicht so schlecht, weil man dann sagen kann: Darin bin ich vielleicht ein Egoist, aber woanders bin ich ein „Liebschen". Kann das sein?

WO: Egoismus ist für mich grundsätzlich etwas Schlechtes, aber wenn man Ziele erreichen will, muss man schon dieses „Ich will das unbedingt!" zeigen – auch wenn es jemand anderem wehtut. Man muss etwas durchziehen wollen, ohne jetzt natürlich hinterhältig zu sein. Durch Leistung. Da kann man den Egoismus, glaube ich, auch mal einsetzen.

SP: Ich finde, dass an dieser Stelle Werte sehr wichtig sind. Dass man noch bei dem Ganzen in den Spiegel gucken kann. Konntest du das immer in deiner Profikarriere? Oder bist du manchmal, viel zu weit gegangen, sodass du dich auch nicht mehr entschuldigen konntest, da der Mensch mit dir gebrochen hat, weil du so hart zu ihm gewesen bist?

WO: Das ist sicher schon mal vorgekommen. Aber jedes Mal, wenn ich dieses Gefühl hatte, habe ich versucht, das relativ schnell wieder hinzukriegen – sofern ich in dem anderen auch einen anständigen Kerl gesehen habe, den ich vielleicht zu Unrecht angegangen bin. Ich konnte oder kann schlecht mit etwas leben, wo ich das Gefühl habe, da liegst du total daneben. Ich geh dann zu der Person hin und sage zu ihr: Es tut mir leid.

SP: Also um Vergebung bitten, um es mal so zu sagen.

WO: Ja, das kann ich. Aber noch einmal – und das ist sehr, sehr wichtig: Egoismus ist schlecht für mein Leben, dein Leben, für unser Leben. Vielleicht muss man das in gewissen Situationen anders benennen, nicht Egoismus, sondern vielleicht Sich-behaupten-Können. Man will sich ja schließlich durchsetzen. Vielleicht ist es mit Sich-behaupten-Können besser ausgedrückt.

SP: Oder Führung, schließlich musst du als Zehner eine Gruppe führen. Auf dem Platz bist du einfach derjenige, der den Rhythmus bestimmt.

WO: Aber als Verteidiger hätte ich mich genauso verhalten.

SP: Da wärst du allerdings im Kopfballspiel eine Katastrophe gewesen. *(lacht)*

WO: *(lacht)*

SP: Wobei, du hast ja auch Tore mit dem Kopf gemacht.

WO: Was ich damit sagen will: Wenn du so bist, dann gehört ein Sich-Behaupten zu deinem Charakter dazu, egal in welcher Position du spielst. Aber, du hast auch recht, wenn du die zentrale Figur bist, und der Zehner stand ja immer im Mittelpunkt, dann ist das schon eine besondere Führungsrolle.

SP: Das hat sicher auch etwas mit Persönlichkeit und Stärken zu tun. Ich persönlich lerne da für mein Leben langsam eine Lektion, die ich total wichtig finde: zu wissen, was man nicht kann und damit seinen Frieden zu schließen. Sieht man nämlich einmal von den eigenen Stärken ab, kann man die meisten Dinge nicht wirklich gut. Und damit inneren Frieden zu haben, um nicht ständig unzufrieden durch die Botanik zu laufen, halte ich für sehr wichtig.

WO: Hast du das Problem?

SP: Welches Problem?

WO: Dass du unzufrieden bist, wenn du etwas nicht kannst?

SP: Mittlerweile nicht mehr. Es gibt Dinge, die ich einfach nicht kann, fotografieren zum Beispiel. Meine Frau findet das schon ziemlich lustig, was ich da mache, wenn der Horizont wieder schief ist, weil ich im falschen Moment gedrückt habe. Ich bin da ein totaler Vollhonk und habe damit abgeschlossen. Aus mir wird kein guter Fotograf mehr, und das ist überhaupt nicht schlimm. Gibt es so etwas auch bei dir, wo du denkst, ja, das kann ich überhaupt nicht?

WO: Ich kann vieles nicht.

SP: Na, das ist doch stark, dass ein Wolfgang Overath das zugibt. *(lacht)*

WO: Ich kann so vieles nicht. Ich kann nicht kochen, ich kann all die Dinge im Haushalt nicht, …

SP: Kannst du auch nicht aufhören?

WO: Ich habe immer gesagt, ich sterbe im Büro und nicht zu Hause.

SP: Weißt du was, ich glaube das auch. *(lacht)* Eigentlich bist du längst durch, müsstest nicht mehr arbeiten, du sitzt aber noch täglich in deinem Immobilienbüro.

WO: Ich glaube, die könnten mich zu Hause auch gar nicht aushalten. *(lacht)* Aber wir haben Hilfe im Haus. Das wäre ja grausam, wenn ich da dazwischenlaufen würde. Hier fühle ich mich wohl, kann meine Sachen machen, telefonieren – ich liebe das. Und man kann nur etwas lieben, das einem Freude macht. Mit all den Immobilien und den dazugehörigen Akten habe ich so viel Glück gehabt, auch durch Berater und Menschen, die es gut mit mir meinten, dass ich schon früh das Gefühl hatte, ja, das reicht. Hätten wir keine Kinder gehabt, hätte ich sicher nach fünf oder zehn Häusern aufgehört.

SP: Was sagt denn deine Frau dazu, dass du noch weitermachst?

WO: Meine Frau sagt immer: „Hör doch auf!" Zehn oder zwanzig Jahre ist sie schon dran, und ich sage immer: „Ne, ich mache das." Aus zwei Gründen: Erstens mache ich es gerne, weil es immer schön ist, wenn du etwas Neues hast. Du stehst dann davor und sagst dir: Das gehört mir! Das finde ich einfach toll, wenn man sich das ansehen kann. Und zweitens mache ich es für die Kinder. Aber meine Frau sagt immer zu mir: „Hör doch auf!"

SP: Eigentlich hat sie auch recht, oder?

WO: „Nein", sage ich dann zu ihr. Ich baue weiter, damit die Kinder gut weiterleben können. Das macht mir einfach Spaß. Aber wenn wir nicht drei so tolle Kinder hätten, hätte ich mich vielleicht gefragt: Wozu machst du das? Denn dann hätte es nicht diesen Anreiz, so etwas für die eigene Familie zu machen.

SP: Du hast in deinem Büro drei, vier Telefone, die permanent klingeln. Du stehst mitten im Leben. Du siehst die Häuser, die du mit deinen Möglichkeiten geschaffen hast. Geht es dir dabei auch um ein Vermächtnis, also darum, Spuren zu hinterlassen?

WO: In erster Linie sorge ich dafür, dass es meinen Kindern später gut geht. Dann kommen der Spaß, dass ich es gerne mache, und die Freude über das Eigentum. Mein Bürogebäude in Troisdorf beispielsweise habe ich vor 15 oder 20 Jahren von dem übernommen, der es erbaut hat. Und wenn du dann daran vorbeifährst und dir sagst, dass dir das gehört, ist das schön und beruhigt ein bisschen.

SP: Du hast viel Spaß bei deiner Arbeit. Ich meine, wir sind beide aus dem Rheinland, und wenn du hier mit Handwerkern sprichst, dann kommst du einfach mit Leuten zusammen. Am Ende sind es doch die Menschen, die das Leben bereichern, nicht wahr?

WO: Es geht immer um die Menschen, Menschen sind wichtig.

SP: Materieller Reichtum, Geld zu haben, ist ja schön und gut, nur sind Menschen und Beziehungen die Spuren, die wir am Ende hinterlassen. Welche Rolle hat da Geld?

WO: Es schenkt einem Ruhe.

SP: Ist es auf Basis dieser Ruhe wichtig, eine Mentalität im Umgang damit zu entwickeln?

WO: Ich glaube schon, denn was nützt dir das ganze Geld, wenn du keine funktionierende Beziehung zu den Menschen hast?

SP: War dir das schon wichtig, als du mit dem Bauen begonnen hast?

WO: Es hat immer etwas Faszinierendes, wenn ein Handwerker bei mir im Büro sitzt und es um die Vergabe von Aufträgen geht. Wir haben erst vor Kurzem 45 Wohnungen gebaut, da ging es um insgesamt 10 Millionen Euro Baukosten. Und dann sitzt du mit den Handwerkern zusammen und verhandelst. Mit 18, 19 Jahren hatte ich noch die Vorstellung, viel tun und leisten zu müssen. Als ich dann in der Bundesliga war und als Nationalspieler in Erscheinung trat, saßen die Handwerker in meinem Büro und ich habe mir gedacht: Mir doch egal! Die müssen im Preis runter bis zum Gehtnichtmehr. Und wenn einer sagte: „Nein, mehr geht nicht", habe ich den nächsten angerufen. Jeder wollte ja was mit dem Overath machen. Am Anfang habe ich mit denen bis zum Äußersten verhandelt, bis die kaum noch was daran verdient haben. Das kam aus der Überlegung, du musst Geld verdienen, egal wie. Nach drei oder vier Jahren, da besaß ich schon ein paar Häuser, wurde ich dann ein bisschen vernünftiger und habe mir selbst gesagt: Ne, das ist nicht der richtige Weg.

SP: Ach, du hast also gemerkt, dass du zu brutal im Umgang warst?

WO: Ja, ich habe gemerkt, das ist so nicht in Ordnung. Mit der Zeit wird man doch vernünftiger. Ich habe das relativ schnell geändert und dem Handwerker, der da vor mir auf dem Stuhl saß, gesagt: „Ich weiß, du musst Geld verdienen, aber du musst mir auch einen guten Preis machen. Den Weg dazwischen, den kannst du bestimmen." Ich habe täglich irgendwelche Vergaben, und heute sage ich mir selbst immer: „Wenn es andere gibt, die so bekloppt sind, dass sie dir die Preise so tief anbieten, dass sie kaum oder gar kein Geld mehr daran verdienen, dann wirst du selbst unglücklich dabei. Lass das sein!" Ich sage daher weiter zu den Handwerkern: „Du musst Geld verdienen, aber du musst mir auch einen guten Preis machen." Doch so wie ich heute mit ihnen umgehe, das hätte ich als junger Mensch bei den ersten Häusern überhaupt nicht geschafft.

SP: Wieder so ein schmaler Grat, nicht wahr? Bewahrheitet sich da für dich der Titel des Buchs: „Alleine kannst du nicht gewinnen?"

WO: Da steckt viel Wahres drin. Und im Leben zeigt sich das immer wieder: Man kann noch so gut sein, alleine ist es schwer. Ich bin davon überzeugt: Vieles muss mit anderen zusammen geschehen, auch um selbst zufrieden, glücklich und dankbar zu sein. Ich glaube, nur alleine unterwegs zu sein, das entspräche nicht meiner Vorstellung. Ich hatte und habe so viele Menschen um mich herum, die viel dazu beigetragen haben, dass es mir einigermaßen gut geht – nicht nur im Fußball war das so.

1. FC KÖLN

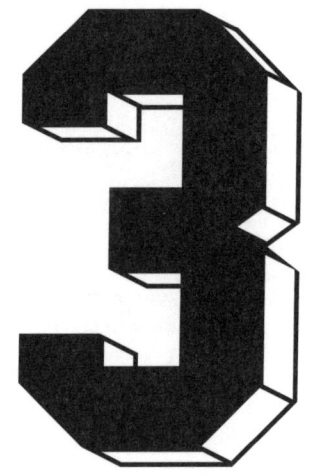

„Eine Mannschaft kann viel stärker sein, wenn ein großer Spieler nicht da ist."

SP: In den acht Jahrzehnten deines bisherigen Lebens hattest du viele Wegbegleiter. Menschen, die dich gefördert und unterstützt oder eine Strecke deines Weges begleitet haben. Wie hast du ein Gespür dafür bekommen, wer ein guter Begleiter ist und wer dir nicht so geholfen, vielleicht sogar falsche Weichen gestellt hat?

WO: Das ist schwer zu sagen. Ich war mein Leben lang immer sehr vorsichtig mit der Bezeichnung „Freund". Ich glaube, es gibt so ein Sprichwort: „Freunde in der Not gehen tausend auf ein Lot." – In der Not hat man nur wenige Freunde. Und es gehört ja schon etwas mehr dazu, jemanden als richtigen, echten Freund zu bezeichnen. Und ich hatte und habe einige, aber sie zu kategorisieren und zu sagen: Das sind meine Freunde, die waren für mich da und die waren gegen mich ... Das Leben ist ja keine Bahn, die nur steil nach oben geht. Da gibt es auch schwierige Phasen. Gott sei Dank machen wir die alle mit ... Und deswegen kann ich sagen, dass ich, der ich langsam auf das Ende dieser Geschichte zugehe, sehr viel Glück habe und hatte in der Wahl meiner Freunde und der Menschen, mit denen ich zusammenarbeite.

SP: Franz Kremer war für dich ein wichtiger Wegbegleiter. Was bedeutete er dir? War er die große Figur in deinem Leben?

WO: Ja, vor allem als Führungsperson. Ich war ein junger Kerl, hatte überhaupt keine Ahnung vom Fußball, und dann kommt plötzlich so einer. Der war nicht so gekleidet wie du und ich heute, sondern immer elegant bis zum Äußersten. Er hatte eine unglaubliche Ausstrahlung und fuhr damals so einen Citröen, so ein schweres Ding.

SP: So einen Gangsterwagen?

WO: Ich weiß nicht, wie das Ding hieß, das war früher aber ein ganz bekanntes Auto.

SP: Ein Citröen DS, diese Gangsterkarre mit der Hydraulik.

WO: Ja, so ein Ding fuhr er, aber das wusste ich damals noch nicht. Als ich zu einem Turnier kam und meinen Wagen in Köln parkte, kam Franz Kremer runter zu mir ins Training und sagte nur: „Komm mal her!" Da ging ich hin zu ihm und dann hat er gesagt: „Das ist mein Platz! Deinen Wagen musst du wegfahren." – Den habe ich da nie mehr hingestellt.

SP: Wolfgang Overath musste Platz machen. *(schmunzelt)* **Da warst du noch ein kleines Licht mit deinem gebrauchten VW Karmann-Ghia.**

WO: Franz Kremer hatte alles im Griff. Nicht nur als Präsident beim FC, sondern auch beim DFB war er stark präsent. Und er hat damals den 1. FC Köln dorthin geführt, wo heute Bayern München steht, das kann man wohl so vergleichen. Der FC war damals sehr dominant und vielen anderen Vereinen weit voraus. Allein das Geißbockheim setzte neue Maßstäbe, während du dich bei anderen Vereinen teilweise noch in der Garage umgezogen hast. Das war absolut spitze und clever ohne Ende von ihm. Franz Kremer hat mich dreimal spielen gesehen, und dann habe ich schon den ersten Vertrag unterschrieben. Ich habe dann, glaube ich, so 1.200 D-Mark bekommen.

SP: Das war damals das Maximum als Lizenzspieler.

WO: Ja, wobei ich mir nicht sicher bin, ob ich in dem Jahr, als ich nur trainiert habe, tatsächlich so viel bekommen habe.

SP: Dieses Übergangsjahr, bevor es dann losging mit der Bundesliga, kann man sich doch so vorstellen wie die Natur, die auf den Frühling wartet. Endlich geht es los. Wie hast du dieses Jahr erlebt?

WO: Die Bundesliga war ja für alle neu, die gab es vorher nicht. Und Franz Kremer hatte uns zwei, „Bulle" Weber und mich, ein Jahr zuvor geholt, weil er genau wusste, wenn die Bundesliga beginnt, können die beiden spielen. Das war sehr clever von ihm. Der „Bulle" hat dann noch einen alten VW bekommen und ich einen gebrauchten Karmann-Ghia, damit wir zum Training fahren konnten. Als die Bundesliga dann losging, sah Franz Kremer, wie das dann einigermaßen lief, und ich musste bei ihm erscheinen – zu Hause. Das war eine besondere Ehre, wenn du zu ihm in die Franzstraße in Köln kommen durftest. Ich hatte ja damals keinen Manager, die gab es zu der Zeit auch noch nicht so wie heute. Ich habe alles alleine gemacht. Der Franz Beckenbauer hat ein paar Jahre später mit Robert Schwan als Manager angefangen, aber ich habe mein Leben lang nie einen Manager gebraucht. Und als der Kremer sagte: „Komm!", ging ich bei ihm ins Wohnzimmer rein, und er sagte dann: „Du hast, glaube ich, für zwei Jahre einen Vertrag, aber du kriegst vier Jahre dazu." Natürlich war ich da ganz stolz, hatte aber null Ahnung vom Fußball-Business. Ich habe mit denen nie verhandelt, dass ich anstatt soundsoviel D-Mark mehr haben will oder statt eines Karmann-Ghia einen Porsche.

SP: Du hast also einfach gesagt: Ja klar, gib her?

WO: Franz Kremer sagte, den Vertrag verlängern wir direkt. Ich bekam 10.000 D-Mark Handgeld und eben jeden Monat 1.200 D-Mark sowie 250 D-Mark Siegprämie. Und da wir alles gewannen, waren es letztlich 2.250 D-Mark, das war viel Geld in den 60er-Jahren. Clever war er, der Franz Kremer, der hat mich sofort im Griff gehabt. Das war schon ein ganz Großer!

SP: Franz Kremer hat auch die Bundesliga mit initiiert sowie Vereine verdrängt wie Alemannia Aachen, die am Anfang in der Bundesliga keine Rolle spielten. Und für seine jungen Spieler hatte der FC dieses Junggesellen-Heim Sonnenwinkel aus dem Besitz von Franz Kremer übernommen. Hast du da gewohnt?

WO: Ich habe da mal ab und zu übernachtet, aber davor habe ich auch im Geißbockheim gewohnt. Da gab es oben zwei, drei Schlafzimmer. Karl-Heinz „Kalli" Thielen und der „Bulle" waren dort mit mir untergebracht. Ich meine, wir waren da, weil „der Boss" das gesagt hatte. Franz Kremer war eine absolute Granate, aber auch eine dominante Figur.

SP: Du warst da natürlich noch ganz jung und wahrscheinlich auch froh, überhaupt unter so einem Dach wie dem Geißbockheim arbeiten zu können. Toni Schumacher (von 1974 bis 1987 Stammtorwart des 1. FC Köln und deutscher Nationalkeeper (1979 bis 1986)) hat mir mal erzählt, dass er von dem ersten Geld, das er als Profi verdient hat, seiner Mutter einen Pelz gekauft hat. Jetzt bekamst du ja dein erstes richtiges Geld. Wer hat dich denn eigentlich in jungen Jahren schon auf dieses Gleis mit den Immobilien gesetzt?

WO: Das war Franz Kremer. Als die Bundesliga begann, hat er für sechs Spieler – Weber, Thielen, Hornig, Benthaus, Sturm und mich – preiswert von der Stadt Grundstücke bekommen.

SP: Das sind ja alles 64er-Meister …

WO: Das war wieder sehr clever vom „Boss". Für uns Spieler war das natürlich damals was ganz Besonderes. Jeder von uns hat dann darauf ein Sechsfamilienhaus gebaut. Das war mein erstes Haus, das ich 1964/65 parallel zum Fußballspielen gebaut habe.

SP: Dann ging es los mit der Bundesliga. Und du bist raketenmäßig gestartet: In der damals neuen Spielklasse warst du am 24. August 1963 erster Bundesliga-Torschütze des 1. FC Köln beim 1. FC Saarbrücken (2:0), du hast beim ersten

FC-Heimspiel gegen den Karlsruher SC nach 22 Minuten getroffen und im dritten Spiel den Führungstreffer gegen die Münchner Löwen erzielt. Du kamst da rein und hast das Zepter übernommen, mit Doppelpässen und einer neuen Spielidee. Woher kam denn all das?

WO: Die ersten Jahre ging es nur darum, etwas zu erreichen. Da gab es keine Überlegung, wir müssen jetzt so oder so spielen. Selbst als ich '66 bei der WM in England war, bin ich nur gelaufen. Ich habe nicht gedacht, du musst jetzt ein bisschen anders spielen und mehr Tore machen, ich bin nur gelaufen. Unterordnen war angesagt, ich war schließlich ein junger Kerl. Aber wenn man dann im Verein stärker wird oder in der Nationalmannschaft, kann man natürlich viel besser eigene Ideen und Stärken einbringen. Beim FC hatten wir immer eine gute Mannschaft, selbst zu der großen Zeit von Bayern München und Mönchengladbach. Wir waren denen nicht unterlegen, wir haben die Bayern mal mit fünf Stück nach Hause geschickt, aber es ging immer auf und ab. Nur unser Problem war, dass wir keine Substanz hatten, wir waren nicht stabil genug. Wenn du eine gute Mannschaft hast, ist es immer wichtig, über spielerische Elemente nach vorne zu kommen. Es gab viele Mannschaften, die lange Bälle geschlagen haben und dann hinterhergelaufen sind, aber wir haben beim FC immer versucht zu spielen – mit Heinz Flohe, einem Spieler, der technisch unheimlich stark war. Mit dem konntest du Doppel-Doppelpässe spielen und alles. Unser Ziel war es, nicht nur eine Mannschaft zu sein, die mit Kraft spielt, sondern eine, die auch spielerisch Akzente setzt, und ich glaube, das haben wir auch geschafft.

SP: Das Fußballspiel veränderte sich ja mit der Zeit. Was hast du in dieser Phase eingebracht? Was war neu für den FC?

WO: Ich glaube, vor meiner Zeit hatte der Hans Schäfer seine große Zeit. 1954 war er ja Linksaußen, wahnsinnig schnell und er konnte die Dinger reinhauen. Der Hans hat es als einer der wenigen geschafft, aus dieser Rolle rauszugehen und eine Art Spielmacher zu sein. Er war auch einer, der draufging und die Sohle drübergehalten hat – mit allem, was geht. Er war ein super Spieler, aber kein Dribbler wie Messi. Vielmehr war er einer, der mit allen Wassern gewaschen und überlegen war durch seine Erfahrung. Als ich dann zum FC kam, war er ja schon weit über dreißig.

SP: Und er hatte die Stärke anzuerkennen, was du spielerisch kannst. Hat er das sofort gesehen oder musstest du dich da durchsetzen?

WO: Natürlich habe ich nicht versucht, gegen den Hans jetzt irgendwo anzugehen, dafür war er viel zu stark und eine dominante Figur. Aber er war clever genug zu sehen, was die anderen können und hat uns zu unglaublichen Offensivleistungen geführt. Als Hans dann weg war, war schnell klar, dass wir in Köln mit mir auch eine Zehnerrolle hatten. Diese gab es nur in wenigen Vereinen. Günter Netzer in Gladbach natürlich, aber dann war fast schon Feierabend. Wo gab es sonst noch einen richtigen Zehner? Wir beide waren die zwei, bei denen es immer hieß: Ist der besser oder der andere? Ich glaube, wenn einer als Spieler überragend ist, vor allem als Spielmacher, hat das Vor- und Nachteile. Da gibt es viele, die so etwas sagen wie:

Wenn der Overath nicht spielt, sind die anderen nichts mehr wert. Diese Gefahr besteht immer, aber es ist verkehrt, so zu denken. Eine Mannschaft kann viel stärker sein, wenn ein großer Spieler nicht da ist. Aber es war damals so, die Rolle als Zehner beim 1. FC Köln war eben eine dominante. Ob wir sie insgesamt verändert haben, das kann ich nicht sagen. Nur hat sie unser System und das Spiel der Mannschaft, nachdem der Hans weg war, zehn Jahre geprägt.

SP: War es also gut für dich, dass Hans Schäfer 1964/65 seine Karriere beim FC beendete?

WO: Wenn Hans Schäfer nicht aufgehört hätte, hätte ich wohl keine Chance gehabt, die Position beim FC kurzfristig zu übernehmen. Ich glaube, es ist gut, dass Menschen gewisse Phasen beeinflussen und mitbestimmen können, aber dann wird es auch Zeit für den Nächsten – sonst käme der ja gar nicht dran.

SP: Alles hat seine Zeit. Nach dir kam Heinz Flohe. Das klingt jetzt vielleicht ein bisschen makaber, aber Steve Jobs, Mitgründer von Apple, hat mal gesagt, dass der Tod für die Entwicklung fast die beste Erfindung überhaupt sei, weil immer neue Generationen einen neuen Platz bekommen. Würdest du bei dieser steilen These mitgehen?

WO: So brutal hatte ich das nicht ...

SP: Ich meine, der Tod ist natürlich ein schwieriges Thema. Auf der anderen Seite hat Jobs das im Angesicht seines eige-

nen Todes gesagt, er ist an Krebs gestorben. Eigentlich müssten wir sagen, der Tod ist eine der besten Erfindungen überhaupt. Den Gedanken dahinter verstehst du?

WO: Ja, klar, für jemanden, der glaubt, ist der Tod gar nichts Schlimmes, dann ist unser Leben nur ein Vorleben. Wenn man es einmal so sieht ... Aber der Tod ist für die meisten Menschen ein brutaler Schlag. Er reißt uns oder andere aus dem Leben, das wir siebzig oder sechzig, vielleicht sogar weniger Jahre kennen. Und da sagt er, der Tod sei erstrebenswert?

SP: Nein, nicht erstrebenswert, sondern gut im Sinne einer fortlaufenden Entwicklung.

WO: Hoffentlich kommen wir mal dahin, dass wir sagen, der Tod ist eine gute Sache. Aber so weit bin ich nicht. Ich sage mir, keiner ist von da oben zurückgekommen. Keiner weiß, wie es dort dann wirklich aussieht. Und deswegen ist der Glaube so schön, weil er dem Menschen diese Hoffnung lässt. Aber wenn ich realistisch bleibe, dann kann ich nur immer wieder betonen, dass ich dankbar und zufrieden bin, so ein Leben wie meins führen zu können. Im Grunde habe ich nur auf der Sonnenseite gelebt. Mein Leben ist nie steil nach oben gegangen, aber auch nie bergab. Es ist ein normales Leben mit Höhen und Tiefen. Nur waren bei mir die Tiefen weniger vorhanden, aber die gehören auch zum Leben dazu. Ich habe aber nichts, wo ich sagen würde, wie schade oder tragisch, dass dir das passiert ist. Das waren alles nur kleine Dinge. In der Rückschau kann ich nur jeden Abend dem Herrgott dankbar und zufrieden sein.

SP: Du kickst nach wie vor, treibst regelmäßig Sport, siehst super aus, wie ich finde – trotzdem, wir alle haben nur eine bestimmte Zeit auf Erden. Wie gehst du mit dem Älterwerden um?

WO: Sven, da schlagen zwei Seelen in meiner Brust. Auf der einen Seite sage ich mir: Was hast du für ein Glück, dass du dich mit achtzig Jahren noch so gut bewegen kannst. Du kannst arbeiten, Fußball spielen, Sport treiben und so weiter. Auf der anderen Seite merke ich natürlich auch, dass vieles nicht mehr geht. Wenn ich heute Abend in die Halle gehe, um Fußball zu spielen, und ich sehe Leute in deinem Alter, die viel schneller sind als ich, und ich komme an denen nicht mehr vorbei, dann ärgere ich mich und denke: Das kann doch nicht sein, oder?!

SP: Du wüsstest wie, aber dein Körper macht nicht mehr mit?

WO: Es geht einfach nicht. Das sind dann so die Dinge, wo das Leben dir zeigt, du bist älter geworden. Oder wenn ich Bilder von früher von mir sehe, mit schwarzen Haaren, und heute bin ich grau, dann denke ich: Du bist wirklich älter geworden, Wolfgang. Aber für meine Situation bin ich unerhört dankbar, dass ich mit achtzig Jahren noch all das machen kann. Auch dass ich noch Auto fahre und das in einem sehr schönen Auto. Da kommt mir dann oft mein Vater vor Augen, wie er mit fünfzig mit mir im Garten stand. *(stockt)* Das Bild kriege ich nicht aus dem Kopf. Der war mit fünfzig ein alter Mann.

SP: Kannst du das Bild etwas beschreiben?

WO: Der konnte mit fünfzig keine drei Schritte mehr laufen. Er ging zwar normal, konnte sich aber nicht mehr richtig bewegen. Zwei Weltkriege, der Verlust der Kinder und all das Kämpfen steckten ihm im wahrsten Sinne des Wortes in den Knochen. Das war eine andere Zeit, eine andere Generation, auch was das Älterwerden betrifft. *(pausiert)*

SP: Zurück zum 1. FC Köln: Franz Kremer ist einer, der vieles richtig gemacht hat, aber es gab auch Transfers in der Geschichte des Vereins, die man als gescheitert ansehen muss. Zézé beispielsweise kam durch Franz Kremer als erster Brasilianer überhaupt in die Fußball-Bundesliga nach Köln. Den hast du 1964 erlebt, er wurde aber nach kurzer Zeit wieder nach Brasilien geschickt. Es gab ein Attest und da war wohl die Rede davon, er habe eine Schnee-Allergie gehabt.

WO: Also, da weiß ich nichts von.

SP: Erinnerst du dich an Zézé?

WO: Ich weiß nur, den hat Julius Ukrainczyk gebracht, der war in der Nachkriegszeit so etwas wie ein Spielervermittler und in ganz Europa bekannt. Er hatte Franz Kremer vorgeschlagen, mal einen Brasilianer zu holen. Zézé war ein feiner Junge, ein guter Spieler, zwar keine Granate, aber dann fiel der Schnee und da konnte er nichts mit anfangen.

SP: Ich habe gelesen, der Arzt habe bei ihm eine Schnee-Allergie diagnostiziert, und so ist er zurück nach Brasilien gegangen und hat dort hoffentlich sein Glück gefunden.

WO: Es gibt natürlich auch viele Märchen aus dieser Zeit. *(schmunzelt)*

SP: Zum Beispiel von den Zwillingsbrüdern, wo der eine vom FC verpflichtet wurde, der andere aber zum Vorspielen erschienen sein soll.

WO: Das waren auch zwei. *(lacht)* Die konntest du kaum voneinander unterscheiden. Die sahen aus, der eine wie der andere.

SP: Čebinac, der Zvezdan war gut und für den Srđan, der verpflichtet wurde, soll für die Aufnahme in Köln sein besserer Bruder vorgespielt haben, so wird bis heute spekuliert. Srđan hat jedenfalls 1965/66 nur drei Bundesligaspiele gemacht und '66 das Pokalachtelfinalspiel gegen Bayern München (0:2) mit euch bestritten, wechselte dann aber in die Niederlande.

WO: *(lacht)* Wo du jetzt Čebinac sagst, weiß ich wieder, wen du meinst.

SP: Wolfgang, war das wirklich so?

WO: Das weiß ich nicht.

SP: Du hast doch mit dem gespielt, oder?

WO: Die sahen so gleich aus, die konntest du kaum voneinander unterscheiden.

SP: Das kann aber auch nur beim FC passieren. *(lacht)*

WO: Da sagt du was. *(lacht)*

SP: Die Spielzeit 1963/64 war die erste Bundesligasaison, mit Köln wurdet ihr Meister, dann habt ihr in der zweiten Saison mit drei Punkten Rückstand auf Bremen, trotz einer guten Saison, den zweiten Platz belegt. Und zu der Zeit kam aus Eitorf, unweit von Siegburg, Hannes Löhr hinzu, mit dem du auch die WM '70 in Mexiko gespielt hast. Ich habe ihn als sehr netten Menschen in Erinnerung.

WO: Hannes war ein feiner Junge, toller Fußballer. Er war schnell, rasend schnell, gefährlich und abgewichst vorm Tor, mit einem guten Schuss. Der Ball war zwar nicht so sein Freund, dass er jetzt ein Dribbler war, er war aber schnell und hat viele Tore für uns gemacht. Leider ist er viel zu früh gestorben. Ich weiß nicht, wie viele Länderspiele er gemacht hat. Bei der WM '70 in Mexiko hat er einige Spiele gemacht.

SP: Wolfgang, wenn wir über den 1. FC Köln sprechen, dann reden wir auch über das Spiel gegen Liverpool, besser gesagt die drei Spiele, und über Glück und Pech: Ihr wart Meister und spieltet 1965 im Europapokal der Landesmeister gegen Liverpool, das Viertelfinale zu Hause, und Heinz Hornig und Hans Schäfer konnten nicht mitspielen. Ihr hattet viele Chancen gegen Liverpool und spieltet 0:0. Wie hast du das erlebt?

WO: Wir waren als 1. FC Köln Außenseiter und Liverpool hatte Außenstürmer, die waren stark und wahnsinnig schnell. Liverpool war zu der Zeit wirklich überragend in Europa. Und wir spielten zu Hause unentschieden. Dann sind wir hoch nach Liverpool, dort hat es dann so geschneit, dass wir gar nicht spielen konnten.

SP: Ihr wart bereits im Hotel Britannia Adelphi in Liverpool angekommen und dann fing es vor dem Rückspiel am 24. Februar 1965 an zu schneien. Schneegestöber und zehn Zentimeter Schnee auf dem Platz. Spielabsage. Der 1. FC Köln musste wieder zurück, unverrichteter Dinge, und saß auf 15.000 D-Mark Reisekosten.

WO: Das weiß ich noch, wie es hieß, wir können nicht spielen, das Spiel ist dann etwas später wiederholt worden.

SP: Am 17. März seid ihr also wieder hin an die Anfield Road, mit dem 0:0 im Gepäck. Eigentlich dachten alle, ihr seid chancenlos. Habt ihr das auch so gesehen?

WO: Wir hatten Angst vor denen. Liverpool damals kann man sich so vorstellen wie heute Liverpool mit Jürgen Klopp. Die waren dominant in England und in ganz Europa gefürchtet.

SP: Und dann war das Spiel eine einzige Abwehrschlacht der Geißböcke und der große Tag von Anton Schumacher in eurem Tor.

WO: Der hat gehalten wie ein junger Gott. Weltklasse! Der brachte die Stürmer zur Verzweiflung.

SP: Man denkt ja, Toni Schumacher sei der einzige legendäre „Schumacher" aus Köln, aber hier war es ja der erste Anton („Toni") Schumacher mit dem Spiel seines Lebens.

WO: Der zweite, der spätere, Harald Anton („Toni") Schumacher (Torwart in Köln von 1974 bis 1987) ist ein ganz feiner Kerl. Der erste Anton hatte aber gegen den Fritz Ewert (Stammtorhüter des 1. FC Köln) oft keine Chance, er wurde nur gebracht, wenn Ewert verletzt war. Erst später änderte sich das mal, muss kurz vor dem Europapokal der Landesmeister gewesen sein. Liverpool war aber seine Stunde. Das weiß ich noch.

SP: Der Ewert hatte ja weniger Glück ein paar Jahre zuvor (1962) gegen den schottischen Meister FC Dundee, wo er richtig weggeflext wurde, mit aufgeschlagener Lippe. Da warst du nicht dabei, aber da verlor der FC 1:8 und euer Trainer Zlatko „Tschik" Čajkovski sagte: „Am besten wäre es, wenn das Flugzeug auf dem Rückweg abstürzt." Du warst bei so etwas eigentlich nie dabei. Das war irgendwie dein Glück, oder?

WO: Kann man so sehen, ja! *(schmunzelt)*

SP: Ihr habt in Liverpool dagegengehalten, 0:0 gespielt, eine unglaubliche Leistung abgeliefert und dann gab es ein drittes Spiel, das Entscheidungsspiel in Rotterdam, mit dem „Münzwurf". Das ist Fußballgeschichte.

WO: Der Münzwurf war grausam, aber so war das eben. Woran ich mich von diesem Spiel am meisten erinnere, ist der Münzwurf und dass „Bulle" Weber mit seiner Verletzung weitergespielt hat, das war unvorstellbar. Der spielt mit einem Wadenbeinbruch weiter. Das sind die beiden Sachen, an die ich mich erinnere. Das Ergebnis war wieder ein Unentschieden (2:2), was dann zu dem Münzwurf führte. Ich weiß aber gar nicht mehr, ob und wie viele Chancen wir hatten.

SP: Ich kann es dir sagen: „Bulle" Weber ging in der 15. Minute in einen Zweikampf, musste anschließend raus, wurde behandelt und kam erst zur zweiten Halbzeit wieder, weil man damals noch nicht auswechseln durfte. Das heißt, ihr habt da zu zehnt weitergespielt. Er machte dann den Sprungtest – mit einem gebrochenen Wadenbein – von einem Meter runter auf den Boden, hat aber später selbst gesagt, er sei da immer auf das gesunde Bein gesprungen. Wie willst du das auch sonst aushalten? Er humpelte dann in der zweiten Halb-

FC Liverpool	**2:2** n. Verl.	**1. FC Köln**
	(2:2, 2:2; 2:1)	

De Kuip (Rotterdam), 24. März 1965
Europapokal der Landesmeister, 1964/1965, Viertelfinale

FC Liverpool: Lawrence, Byrne, Lawler, Yeats, Milne, Smith, Stevenson, Callaghan, Hunt, St. John, Thompson
Trainer: Shankly

1. FC Köln: Schumacher, Hemmersbach, Pott, Regh, Weber, Overath, Sturm, Hornig, Löhr, Müller, Thielen
Trainer: Knöpfle

Tore:

St. John (21.)	1:0	
Hunt (36.)	2:0	
	2:1	Thielen (40.)
	2:2	Löhr (48.)

Besucher: 47.862
Schiedsrichter: Robert Schaut (Belgien)
Besonderes: Durch den „Münzwurf von Rotterdam" wurde – nach drei Spielen der beiden Mannschaften mit einer Gesamtdauer von 300 Minuten, bei denen kein Sieger ermittelt werden konnte – das Spiel zugunsten des FC Liverpool entschieden. Zur damaligen Zeit gab es laut UEFA-Regeln noch kein Elfmeterschießen.

zeit über den Platz. Was ich aber noch viel irrsinniger finde: Ein reguläres Tor von Heinz Hornig wurde zurückgepfiffen. Also, der FC war nah dran am Sieg gegen Liverpool, dann stand es am Ende unentschieden und es gab diesen unseligen „Münzwurf".

WO: Das war unglaublich mit dem Weber, das ganze Theater.

SP: Und Hannes Löhr erzielte übrigens ein wichtiges Tor in diesem Spiel.

WO: War er das?

SP: Hannes Löhr machte den Ausgleich zum 2:2 Endstand. Und dann kam der belgische Schiedsrichter und sagte: „Münzwurf." Schiedsrichter Robert Schaut hatte aber keine Münze, sondern eine farbig markierte Holzscheibe, rot für Liverpool und weiß für Köln. Da kamen Spieler, Presse und sogar Polizisten in einem Kreis zusammen. Weißt du noch, wo du damals gestanden hast?

WO: Sicher ganz vorne dabei.

SP: Da bist du ein Kontroletti, nicht wahr? Vorne dabei und gucken, macht der auch ja alles richtig.

WO: Vielleicht ist das vergleichbar mit der Situation mit dem Wembley-Tor im WM-Endspiel 1966 gegen England. Das war ja auch so eine Entscheidung, wie wir da alle zu dem sowjetischen Assistenz-Schiedsrichter hingelaufen sind.

SP: Dann wird die „Münze" geworfen und sie bleibt im Schlamm stecken. Die Legende besagt, sie habe sich so ein bisschen zugunsten des FC geneigt.

WO: *(lacht)*

SP: Aber sie musste dann noch mal geworfen werden. Fußball damals und heute – das kann man ja heute kaum noch jemandem erklären. Wenn du das jetzt einem Zehnjährigen erzählst, der Spiele mit Videobeweis kennt, der guckt dich doch nur an und sagt: Was erzählst du mir da für Geschichten?

WO: Unfassbar, oder? Das kommt mir jetzt, wo wir drüber sprechen, wieder alles in Erinnerung. Das war grausam. Aber so ist Fußball manchmal.

SP: Nach dem zweiten Wurf zeigte die Scheibe Rot, damit gewann Liverpool und war weiter. (Europokalsieger der Landesmeister 1964/65 wurde am Ende Inter Mailand.) Der FC fuhr nach Hause, „Bulle" Weber ließ sich das Bein röntgen, und da wurde klar, dass das Wadenbein gebrochen war. Aber in Rotterdam hatte er nach dem Spiel noch mit dir die dreckige Wäsche schleppen müssen. Das ist ja unvorstellbar.

WO: Das war normal. Da wurdest du als junger Spieler mit der Wäsche eingeführt. Und wenn du das nicht gemacht hättest, hättest du ein Problem bekommen.

DAS LEBEN ALS ZEHNER

„Es hat Seltenheitswert, dass zwei Menschen um eine Position kämpfen und trotzdem eine Freundschaft führen."

SP: Günter Netzer oder Wolfgang Overath – wer ist der bessere Zehner? Diese Frage hat Fußball-Deutschland über Jahre beschäftigt. Sie wurde euch fast ein Leben lang gestellt. Um es noch einmal zu versuchen, probiere ich es mal so: Was glaubst du denn, was der Fußballgott antworten würde, wenn er gefragt würde, wer der bessere war?

WO: Ich habe die Frage noch nie beantwortet, weil ich es nie über mein Herz bringen könnte, zu sagen, ich war der Bessere oder er war der Bessere.

SP: Warum?

WO: Das müssen andere beurteilen. Ich kann nur sagen, Günter war wirklich ein Zehner, ein überragender Spieler in seiner ganzen Art. Er war auch dominant und wusste eine Mannschaft zu führen, aber den Vergleich zwischen uns beiden, den musst du oder müssen andere anstellen.

SP: Ich kann dir ja mal einen Vorschlag machen.

WO: Du kannst alles vorschlagen. *(schmunzelt)*

SP: Ich habe mal ein Interview gelesen mit Jorge Valdano, dem argentinischen Weltmeister von 1986, später war er Trainer und Direktor bei Real Madrid und ist bis heute ein angesehener Fußballexperte. Darin ging es unter anderem um die Frage: Wer ist der Größere – Maradona oder Pelé? Und er hat etwas ganz Schlaues geantwortet: „Warum sollten wir nicht einfach nur glücklich sein, dass wir beide hatten?" – Was sagst du dazu?

WO: Ja, das ist doch im Fußball so, dass man so argumentiert.

SP: Na gut, andererseits kann ich bei Günter Netzer und dir sagen, du hast drei Weltmeisterschaften in voller Länge gespielt, warst bei jedem WM-Spiel dabei und Günter Netzer nicht. Ist so etwas nicht ausschlaggebend?

WO: Nun, von mir bekommst du da keine Antwort. Was du selbst schreibst, das ist deine Geschichte. Ich sage dazu nichts. Nur bei anderen Leuten wage ich ein Urteil zu bilden.

SP: Und wenn ich dich um eine Beurteilung von Pelé und Maradona bitte?

WO: Pelé ist vor Kurzem gestorben, ich war gut befreundet mit ihm. Wenn er nach Deutschland kam, haben wir uns immer getroffen. Die Begegnungen mit ihm waren immer ein Genuss, fußballerisch wie menschlich. 1977 war ich sogar mal mit ihm in einer Mannschaft, in der Weltauswahl zum Abschiedsspiel des japanischen Nationalspielers Kunishige Kamamoto vor 100.000 Zuschauern. Pelé war ein Superstar. Und wenn ich gefragt werde, wer waren die besten Fußballer aller

Zeiten, dann kann ich nur sagen: Pelé war der Größte, der absolut Beste. Er stand über allen anderen. Da kommt kein Maradona, Messi oder Ronaldo ran, keine Chance.

SP: Wie begründest du das?

WO: Pelé konnte eben alles – Pässe spielen, Tore machen, dribbeln, der konnte aber auch auf die Beine hauen. Er war für mich der absolut beste Spieler. Hinter ihm kommen für mich Maradona oder Messi. Wer da von beiden besser ist, kann ich nicht genau sagen, da finde ich den Unterschied nicht allzu groß. Aber auch da gibt es sicher viele, die das anders sehen.

SP: Und wenn man dich nach dem besten Spieler in Deutschland fragt?

WO: Es gab und gibt keinen besseren Spieler als Franz Beckenbauer, von seinem Talent, von seiner ganzen Art zu spielen, und er hat den Fußball in Deutschland entscheidend geprägt. Fritz Walter war ein Riesenfußballer, aber Beckenbauer war der beste, den Deutschland bislang hatte. Da kann ich, ja, versuche ich, mir ein Urteil zu erlauben, aber über meine Person, das müssen andere machen. Und noch mal zu Günter: Er gehörte zu den ganz, ganz großen Fußballern seiner Generation. Der Lange ist sensationell!

SP: Eine Frage habe ich noch zu Günter Netzer ...

WO: Wir haben so ein gutes Verhältnis, ich habe das immer bewundert. Und das, obwohl es in der Öffentlichkeit oft um uns beide und die Frage „Der oder der andere?" ging. Es gab das, glaube ich, auch gar nicht anderswo, dass zwei Spieler, beide als Zehner, auf einer Position gesetzt waren und keine Konkurrenz miteinander hatten. Ich erinnere mich da zum Beispiel an eine Sache bei der WM 1970 in Mexiko, und es gibt Dinge, die vergisst du einfach nicht. Ich hatte da eine sehr, sehr gute WM. Wir waren als Mannschaft im Hotel und dann kam Günter zu mir hoch aufs Zimmer, er war vorher bei einem Pressetermin gewesen, und ich meine, er war da verletzt. Jedenfalls kam er ins Zimmer und hat sich mit mir gefreut. Das gibt es ja selten, dass zwei Menschen um eine Position kämpfen und trotzdem eine Freundschaft führen – bis zum heutigen Tag. Wenn ich den Günter jetzt anrufen würde, freut er sich und wir erzählen uns erst einmal was. Uns verbindet eine gute Freundschaft, selbst in schwierigen Phasen.

SP: Das wollte ich dich nämlich noch gefragt haben, weil du ja gesagt hast, als Spieler konntest du manchmal brutal sein. Da interessiert es mich, ob man Spieler auf einem so hohen Niveau sein kann, ohne Politik für die eigene Sache zu betreiben, also sich selbst Mehrheiten zu organisieren? Wenn zwei Leute um eine Position konkurrieren, brauchst du auch ein Umfeld, das sagt: Ja, den Wolfgang akzeptieren wir. Das heißt, man ist nicht nur ein guter Fußballer, sondern betreibt auch Politik. Mal beim Plausch in der Kantine, mal bei einem Telefonat, das ist ja im Berufsleben völlig normal. Am Ende kann es ja nur einen auf der Position geben. Hast du solche Politik betrieben?

WO: Nie!

SP: Das ist ja spannend.

WO: Der Günter stand in sehr engem Kontakt mit vielen Journalisten. Er konnte das einfach besser als ich. Er hat mit ihnen geredet. Ich hingegen habe bewusst versucht, so weit wie möglich keinen Kontakt mit den Jungs zu haben. Ich habe auch nie versucht, irgendeinem zu sagen: Du musst jetzt mal den Netzer in die Pfanne hauen. Und das hat Günter bei all seinen Möglichkeiten auch nie getan.

SP: Als Zehner hast du beim 1. FC Köln gespielt, so wie Günter Netzer diese Position bei Borussia Mönchengladbach ausgefüllt hat. Wie würdest du das vom Spielansatz her vergleichen?

WO: Hennes Weisweiler war ein überragender Trainer, nur menschlich war das eine andere Geschichte. In Mönchengladbach hatte er viele junge Leute, beginnend mit Berti Vogts und Günter Netzer als überragende Spieler. Weisweiler hat als Trainer die Mannschaft geformt und zu dieser guten Leistung gebracht. Sie waren in der Phase neben Bayern München zweifelos die stärkste Mannschaft. Wir waren immer Dritter, Vierter oder Fünfter, obwohl wir eigentlich in der Lage gewesen sind, die Gladbacher und Bayern zu schlagen. Die Bayern haben 1972 in der Müngersdorfer Radrennbahn (Ausweichplatz während des Neubaus des Müngersdorfer Stadions) beim DFB-Pokal-Viertelfinale mal fünf Stück von uns mitbekommen (5:1), das war ein unglaubliches Spiel. Und die Gladbacher haben auch ordentlich eins mitbekommen, nur auf Dauer gesehen waren sie die beiden besten Mannschaften, und die

Gladbacher waren einfach konstanter als wir. Dass die Gladbacher in der Phase immer oben an der Tabellenspitze standen, lag sicher mit am Günter Netzer. Köln hatte in der Zeit zu viele Trainerwechsel, uns fehlte einfach die Kontinuität. Zwischen 1970 und 1974 hatte Köln sechs Trainer und keinen, der mit Hennes Weisweiler zu vergleichen gewesen wäre. Die Gladbacher hatten es zudem etwas einfacher: In Gladbach war der Druck ja nie so groß wie in der Millionenstadt Köln.

SP: In der Geschichtsschreibung sind es die jungen galoppierenden Fohlen, die konternd ihren Weg gemacht haben. Wie hast du die Gladbacher erlebt?

WO: Hennes Weisweiler hat nach außen immer gesagt, dass er offensiv spielt, weil er so auch die meisten Tore machte. Er war als Trainer sehr, sehr gut und durchdacht in vielen Dingen. Und so hat er in erster Linie auf die Hintermannschaft gebaut und versucht, dafür die besten Spieler zu kriegen: Müller, Sieloff, … Und dann hatte er Günter Netzer, der ein Stück vor der Abwehr spielte, mehr im Mittelfeld, aber nicht vorne. Vorne hatte er dann wahnsinnig schnelle Stürmer: Köppel, Heynckes und Co. Er hat dann den Gegner kommen lassen, hat hinten zugemacht, und wenn der Gegner kam, wurde der Ball abgefangen und der Günter war derjenige, der die Bälle vorne wieder in die Gasse reinspielen konnte, wo dann im großen Raum Platz ohne Ende war. Und dann haben die eins gegen eins gespielt. Im Konter, wenn der Gegner gekommen war, da war Gladbach dann unschlagbar. Die haben geschickt gestürmt. Und Weisweiler war sehr geschickt darin, seine Spielweise zu verkaufen.

SP: Das erinnert ein wenig an die Spielweise der „Équipe Tricolore" bei der WM 2022 in Katar, nicht wahr? – Die haben Mbappé an der Mittellinie geparkt, den Ball gerne abgegeben, aber wenn sie ihn dann wieder hatten, schickten sie Mbappé los.

WO: Du brauchst Raum, wenn du vorne schnelle Leute hast. Wenn aber eine Mannschaft permanent stürmt, drängen die Spieler vor dem Tor alles zu. Der Pass in die Gasse ist dann nicht mehr spielbar. Deshalb: Sehr geschickt hinten zumachen, dort kompakt stehen, den Ball abfangen, dann hast du vorne Räume. Und wenn du dann jemanden hast wie den Günter Netzer, der die schnellen Spieler vorne einsetzen kann, dann machst du deine drei, vier, fünf Tore. – So kannst du erfolgreich Fußball spielen. Das ist eine Spielweise, die wird sich von der Überlegung her eigentlich nie ändern.

SP: Noch mal zum 1. FC Köln, Stichwort Pokalendspiele. Da gab's eine Reihe von, du hast mit der Mannschaft 1967/68 den Pokalsieg geholt, mit einem 4:1 gegen den VfL Bochum. Du hattest danach mit der Mannschaft aber noch drei erfolglose Pokalendspiele – gegen Gladbach (1972/73, 1:2 n. Verl.), Bayern München (1970/71, 1:2 n. Verl.) und die Kickers Offenbach (1969/70, 1:2).

WO: Das schlimmste Spiel, das wir verloren haben, war das gegen Offenbach.

SP: Gegen den Zweitligisten. Warum war das denn am schlimmsten?

WO: Ich glaube, da haben wir uns nur was zusammengespielt. Totale Überheblichkeit. Offenbach hatte keine überragende Mannschaft. Bayern hingegen war eine große Mannschaft und gegen Gladbach war das ein tolles Spiel, da waren wir als Mannschaften vom Niveau gleich auf. Aber gegen Offenbach … Das war ein schlechtes Spiel, wir waren total überheblich. – So ist das nun mal im Fußball, wenn gestandene Mannschaften gegen solche spielen, bei denen jeder denkt, die haben null Chance. In nahezu jedem dieser Spiele ist irgendwann zu sehen: Je länger die von der Qualität der Spieler unterlegene Mannschaft das 0:0 hält, desto unsicherer wird die andere. Die fängt irgendwann an, Fehler zu machen, und dann kommt am Ende so etwas raus wie gegen Offenbach.

SP: So ein Ausscheiden im DFB-Pokal, selbst die Niederlage im Finale, ist ja schon anderen favorisierten Mannschaften passiert. Aber bleiben wir mal bei der sprichwörtlichen Überheblichkeit. Ist der 1. FC Köln manchmal nahe an der Überheblichkeit gewesen?

WO: Ich glaube, Überheblichkeit spielt sich in vielen Mannschaften ab, aber ich glaube, du hast nicht ganz unrecht. Die Mentalität der Kölner neigt eher dazu als bei einigen anderen.

SP: Woher kommt das?

WO: Die Mentalität eines Rheinländers lässt so etwas schon mal aufkommen. *(lacht)* Vielleicht kommt es auch daher, dass wir in den ersten sechs, sieben Jahren der Bundesliga immer mit Bayern und Gladbach mithalten konnten, aber dann haben wir den Baumgart-Effekt, die mannschaftliche Geschlossenheit, nicht als Konstanz hinbekommen.

SP: Wie blickst du eigentlich auf das Pokalendspiel 1973 gegen Gladbach zurück, das Köln zwar verloren, aber das Fußballgeschichte geschrieben hat? Es war ja auch ein Endspiel zwischen Wolfgang Overath und Günter Netzer.

WO: Es ist heute noch bewundernswert, was der Lange da mit dem Weisweiler gemacht hat. Er wechselte sich selbst ein, spielte den Ball, machte das Tor, Gladbach gewann und der Lange ging anschließend nach Madrid.

SP: Das war Günter Netzers letztes Spiel für Gladbach und eine einzigartige Aktion.

WO: Der hat einen Doppelpass gespielt mit Rainer Bonhof und unser Harald Konopka ist, glaube ich, stehen geblieben, der Lange lief – der war ja noch gar nicht richtig warm –, Doppelpass und traf den Ball außen irgendwo, also eigentlich unglücklich, doch der Ball senkte sich oben links in die Ecke rein. Tor! Da haben alle gedacht, so etwas kann doch nicht wahr sein.

SP: Eigentlich war das eine Art Fehlschuss.

WO: Das war jedenfalls kein sauberer Schuss, der ist ihm außen abgerutscht.

SP: Du hast das von der Bank aus miterlebt, in der 71. Minute wurdest du ausgewechselt und für dich kam Harald Konopka.

WO: Auf jeden Fall war es ein tolles Endspiel, beide Mannschaften waren auf gleichem Niveau. Aber die Aktion vom Langen, das ist Fußballgeschichte.

SP: Bis heute gilt die Partie als eins der besten Endspiele des DFB-Pokals. Und Netzers Selbsteinwechslung mit seinen Worten „Ich spiele dann jetzt" für den Kulik, der in der 91. Minute nicht mehr konnte, ist hundertfach erzählt. Der Aktion soll ein Riesenknatsch mit Weisweiler vorausgegangen sein, angeblich weil Günter Netzer nach dem Pokalspiel zu Real Madrid wechselte, was Hennes Weisweiler nicht passte. Deswegen hat der Trainer ihn wohl auf der Bank schmoren lassen, und zwar mit der für Netzer ungewöhnlichen Rückennummer 12. Aber es soll auch noch andere Gründe gegeben haben. Und dann zog auf einmal Günter Netzer die Trainingsjacke aus ...

WO: Moment! Dass der Günter auf den Platz kam, entsprach eigentlich nicht Weisweilers Art. Ich hätte vom Hennes Weisweiler anderes erwartet, nämlich dass er, als er gesehen hat, der Netzer zieht sich plötzlich um, gesagt hätte: Du gehst weg, ein anderer kommt rein. Aber vielleicht war der Weisweiler selbst so angeschlagen, dass er sich da nicht gegen gewehrt hat, denn eigentlich entsprach es nicht seiner Art, das durchgehen zu lassen. Er hatte ja immer Ärger mit Spielern wie Cruyff und Netzer, wenn die was anderes gemacht haben. Und hier hat der Günter ja etwas noch nie Dagewesenes gemacht. Ist schon merkwürdig, dass der Weisweiler da nicht zum Günter Netzer hingegangen ist, als dieser sich ausgezogen hat, und etwas ge-

Bor. Mönchengladbach	2:1 n. Verl.	1. FC Köln
	(2:1, 1:1, 1:1)	

Rheinstadion (Düsseldorf), 23. Juni 1973
DFB-Pokal 1972/73, Finale

Bor. Mönchengladbach: Kleff, Bonhof, Vogts, Sieloff, Michallik, H. Wimmer, C. Kulik (91. Netzer), D. Danner, H. Jensen, Rupp (117. Stielike), Heynckes
Trainer: Weisweiler

1. FC Köln: Welz, Kapellmann, B. Cullmann, W. Weber, He. Hein, Flohe, Simmet, Overath (71. Konopka), He. Neumann, Glowacz (71. Gebauer), Löhr
Trainer: Schlott

Tore:
Wimmer (24.),	1:0	
	1:1	He. Neumann (40.)
Netzer (94.)	2:1	

Zuschauer: 69.600
Schiedsrichter: Tschenscher, Kurt (Mannheim)

sagt hat wie: Du bleibst jetzt sitzen, du kannst ausziehen, was du willst, ich bringe einen anderen Spieler.

SP: Das wäre wohl das gewesen, was jeder erwartet hätte.

WO: Vielleicht hat der Hennes Weisweiler dann doch die Hoffnung auf den Langen gesetzt, sodass er gedacht hat: Lieber gewinnen, lass ihn das mal machen.

SP: Das stimmt, aber diese Antwort hätte er wohl nicht geben können. Letztlich skandierten die Fans auch Netzers Namen, der zwei Halbzeiten lang auf der Bank gesessen hatte. Auch Reporter Kurt Brumme war ja völlig verwundert, dass Netzer nicht spielte, das war ein Riesenthema rund um dieses Spiel. Matthias Brandt, der Sohn des ehemaligen Bundeskanzlers Willy Brandt, sagte einmal, für ihn sei als Jugendlicher die Selbsteinwechslung Netzers so etwas wie ein Erweckungserlebnis gewesen, denn Netzer stellte ja damit die Autorität von Weisweiler infrage. Also ein großer Akt, gegen die alte Generation aufzustehen und zu sagen: Ich kann mich selbst einwechseln, ich kann mein Leben selbst bestimmen. Da steckte viel Symbolkraft drin, oder?

WO: Ich sehe das anders. Der Lange war sauer auf den Weisweiler. Auf der Bank zu sitzen, ist ja für einen Spielmacher die größte Strafe überhaupt. Wenn das mal in der Saison passiert, hast du das schnell vergessen, aber bei einem sportlichen Höhepunkt wie einem Pokalendspiel, wenn da der Trainer zu dem besten Spieler sagt: Du kommst nicht rein, du bist Ersatz … Der Günter war sauer und die Leute im Stadion haben getobt.

Und auf einmal steht der Lange auf und geht sich an die Klamotten. So wie ich später den Hennes Weisweiler kennengelernt habe, hätte ich von ihm erwartet, dass er den Günter zurück zur Bank ruft. Aber das hat er nicht getan, er hat den Langen laufen lassen.

SP: Und der schießt nur zwei, drei Minuten später das entscheidende Tor.

WO: So ist Fußball. Ist schon Wahnsinn.

SP: Nur was damals von heute unterscheidet: Nach einem Finale war es früher selbstverständlich, dass die Finalisten ein gemeinsames Bankett feiern. Selbst bei Weltmeisterschaften war das so. Es gibt ein Foto, da steht nach dem Finale 1974 der frischgebackene Weltmeister Franz Beckenbauer neben dem unterlegenen Niederländer Johan Cruyff – und beide strahlen. Heute undenkbar. Stell dir nur mal vor: Dortmund gegen Leipzig im Pokalfinale und anschließend würden die gemeinsam feiern.

WO: Ich persönlich kann mir bis heute nicht den Grund dafür erklären, warum man sich nach dem Spiel noch zusammen hinsetzt.

SP: So war es damals bei euch. Heute gibt es das ja nicht mehr, da feiert die Siegermannschaft in der Regel für sich.

WO: Ich meine ja auch im Nachhinein. Nach einem gewonnenen Spiel war ich einfach nur happy. Da hätten die alle machen können, was sie wollen, das wäre mir egal gewesen.

SP: Und wie war es für dich nach einer Niederlage, beispielsweise nach dem besagten Pokalfinale '73 gegen Gladbach?

WO: Solche Lokalkämpfe wie gegen Gladbach sind ja immer von besonderer Bedeutung. Wir hatten die Chance, die Gladbacher zu schlagen, aber haben sie nicht genutzt. Rückblickend gesehen war das ein gutes Spiel, beide Mannschaften waren ausgeglichen und hatten guten Fußball geboten, mit dem glücklicheren Ausgang für Gladbach durch eben dieses Tor des Langen nach seiner Selbsteinwechslung. Gerade so ein Pokalderby zu verlieren tut weh, aber es geht weiter. Ich kann mich aber in Sachen Bankett an nichts mehr erinnern, muss also aus Kölner Sicht unbedeutend gewesen sein.

SP: Wolfgang, du warst als Spielmacher immer in der Hauptrolle, gleichzeitig warst du aber auch ein Teil der Mannschaft. Was hat dir eigentlich die Mannschaft oder eine mannschaftliche Geschlossenheit im Leben bedeutet?

WO: Für viele war es nicht ganz so einfach, mich in diesem Kreis zu haben, weil ich in vielen Dingen brutal und direkt war, schon als junger Spieler. Lief es irgendwo nicht ordentlich, gab es Druck. Ich habe 81 Länderspiele gemacht, war über 20-mal Spielführer, da wurde viel geschimpft – manchmal auch auf einer Ebene, die nicht so angenehm war.

SP: Woher kam das?

WO: Weiß ich nicht. Ich glaube, wer führen will, muss bereit sein, Dinge anzugehen. Und Führen ist ein Risiko. Damit macht man sich keine Freunde. Aber so ist meine Mentalität. Wenn ich etwas bewegen will, versuche ich immer voranzugehen und zu führen, sei es im Beruf oder im Sport. Ich habe mich bis zum heutigen Tage nie gescheut, Verantwortung zu übernehmen. Selbst wenn ich heute noch mit den Alten in der Halle spiele, obwohl ich fast hundert Jahre alt bin, bin ich da drauf und dran. So ist mein Charakter. Aber ich weiß, dass dies oft auch für andere unangenehm war. Ich glaube, das ist eine meiner Schwächen oder Stärken, ich weiß es nicht. Der Erfolg gab mir letztlich recht. Von daher glaube ich, dass es gar nicht so verkehrt war, oft von der Mittellinie aus großes Theater zu machen, wenn ich die Bälle von hinten reinbekommen habe.

SP: Damit das auch ja jeder auf dem Platz hört.

WO: Klar, aber das darf man auch nicht so auf die Goldwaage legen, was dann abgeht. Da bin ich dann zu dem Mitspieler hin und habe dem zugerufen: „Hast du sie nicht mehr alle?" Aber ich bin dann, wie schon gesagt, immer danach zu demjenigen hingegangen und habe gesagt: „War nicht so gemeint." Mir tat das im Nachhinein leid, aber mittendrin konnte ich es nicht ändern, weil es meine Mentalität und Art ist. Wenn wir zwei, Sven, zusammen Fußball spielen würden und du spielst schlecht, bist aber ein anständiger Kerl, würde ich dich trotzdem anschmirgeln – und nach dem Spiel zu dir kommen und sagen: „Sven, war nicht so gemeint."

SP: Ich glaube, wenn ich zusammen mit dir Fußball spielen würde, wäre das …

WO: … nicht einfach für dich.

SP: Eine Nahtoderfahrung, glaube ich. *(lacht)*

WO: Sei froh, dass du das nicht mitmachen musst. *(lacht)*

SP: Es ist aber interessant, was du gerade gesagt hast. Du führst gerne, aber es könnte eine Stärke und Schwäche zugleich sein. Du bist jetzt in einem Alter, in dem man über so etwas fast schon philosophisch reden kann. War das der Preis dafür, dass du auch Menschen verletzt hast?

WO: Das war sicherlich ein Preis. Und der andere ist, wenn du so führst und lebst, gerade im Sport, dann hast du schon manchmal das Gefühl danach: Was hast du jetzt mit dem gemacht? Du hast den persönlich getroffen und das war nicht in Ordnung – obwohl der schlecht war und es eigentlich verdient hat, aber nicht auf diese Art und Weise. Im Beruf kann man vieles wiedergutmachen, nur im Sport geht das alles so schnell. Im Spiel selbst bleibt dir dafür keine Zeit. Führen ist, glaube ich, eine Stärke, wenn man die Kraft dazu hat. Ich jedenfalls wäre nie bereit gewesen, nur alles einfach so hinzunehmen – weder in meinem Beruf, noch zu Hause, geschweige denn im Sport. Vielleicht ist das einfach meine Mentalität, die hier zum Vorschein kommt. Kommt so etwas oft vor?

SP: Ich glaube, dass du nicht viele Menschen um dich hattest, mit denen du als Fußballer auf deinem Niveau darüber reden konntest, was du alles erlebt hast. Weißt du, was ich meine? Die Frage, die sich da anschließt, lautet ja: Du hast viel Erfolg gehabt, warst Fußballweltmeister – mehr geht nicht. Was ist wichtiger, der Erfolg oder der Weg dahin?

WO: Unterwegs mit Menschen anständig umzugehen.

SP: Genau, aber die Frage lässt sich nicht so leicht beantworten, oder?

WO: Wer eine Mentalität wie ich besitzt, ist zunächst nur in Sachen Erfolg unterwegs: sich durchzusetzen, zu fighten, zu kämpfen, zu führen, Erfolg zu haben. Und dabei bleibt manch einer auf der Strecke, aber die Aufgabe eines jeden, der so lebt, muss es sein, das Ganze in vernünftige Bahnen zu lenken. Damit er sich nachher nicht alleine fühlt auf der Welt, denn ansonsten hat er eines Tages keine Menschen mehr um sich rum, die noch bereit sind, mit ihm umzugehen. Deshalb glaube ich, ist es ganz wichtig, sich selbst zu sagen: Ich geh da hin und will das, auch wenn es wehtut, aber irgendwann muss es einen Punkt geben, wo klar ist: Jetzt ist es genug. Das versuche ich auch heute noch zu leben, aber ich setze dieses Genug viel früher an als mit dreißig, fünfzig oder sechzig Jahren. Man denkt einfach anders darüber, wenn man einen Großteil seines Lebens bereits hinter sich hat.

WM 1966 – ENGLAND

„Wir haben uns gar nicht so sehr darüber aufgeregt, dass wir Zweiter wurden."

SP: England 1966 war deine erste von drei Weltmeisterschaftsteilnahmen. Mit der Mannschaft ging es nach Sheffield ins Quartier. Dein Kumpel Uwe Seeler hat erzählt, dass da auch mal – Zitat – „säuische Lieder" gesungen wurden. *(lacht)* Wie hast du das Quartier mit Uwe Seeler, dem jungen Franz Beckenbauer und Helmut Schön erlebt?

WO: Willst du eine ehrliche Antwort?

SP: Gerne!

WO: Keine Erinnerung.

SP: Keine Erinnerung? *(perplex)*

WO: Immer wenn ich an einer Weltmeisterschaft oder einem anderen Turnier teilgenommen habe, was ja im Vergleich mit einer Bundesliga-Saison nur von kurzer Dauer war, konnte ich mich unerhört gut darauf konzentrieren. Ich habe mich weder darum gekümmert, ob die Frauen zu uns ins Quartier durften, noch habe ich an Geschäfte oder sonst etwas anderes gedacht. Eine WM war für mich immer mit einem Tunnelblick verbunden, alles andere war für mich egal.

SP: Eine WM war also eine Art sportliches Hochamt für dich?

WO: Ich glaube, eine meiner Stärken, die man auch in so einem Turnier braucht, war, dass ich auch auf die kleinen Dinge geachtet habe. Gut, wir haben den langen Schön bei der WM '70 in Mexiko mal ins Schwimmbecken geworfen, aber das war nur eine Aktion am Rande. Von Sheffield weiß ich nur noch, dass ich mit dem Franz Beckenbauer zusammen auf dem Zimmer war, so wie vier Jahre später in Mexiko.

SP: Waren deine Aufgaben in der Nationalmannschaft eigentlich andere als im Verein?

WO: Spielen und decken, hieß es für mich beim langen Schön. Im Verein musste ich mich in erster Linie ums Spiel nach vorne kümmern. In der Nationalmannschaft hingegen war meine Aufgabe etwas breiter angelegt. Ich musste da im Mittelfeld warten, zwar nicht in der Manndeckung, aber ich musste immer den gegnerischen Spieler im Auge behalten. Das war schon ein bisschen anders als in Köln.

SP: Eine Weltmeisterschaft ist für jeden Fußballspieler das Highlight. Wie hast du davon erfahren, Teil des '66er-Kaders zu sein? Das vergisst man nicht, oder? Ich zum Beispiel habe den Tag nicht vergessen, als ich angerufen wurde und man mir sagte, dass ich jetzt für den WDR samstags die Bundesliga-Konferenz moderieren soll. Seit den 60er-Jahren bin ich erst der Dritte, nach Dietmar Schott und Kurt Brumme, der das machen darf. Ich stand damals mit dem Handy am Rhein und habe beim Gespräch auf den Fluss geschaut.

WO: Bist du direkt nach dem Dietmar Schott gekommen?

SP: Ja.

WO: Hat er so lange die Sendung moderiert?

SP: Bis 2002, ich bin jetzt schon seit über zwanzig Jahren dabei.

WO: Seit 20 Jahren machst du das?!

SP: Ja, das ist schon eine lange Zeit. Aber, Wolfgang, es geht um dich. Weißt du noch, wo du erfahren hast, dass du mit nach England zur WM fährst?

WO: Noch einmal: Wichtige Dinge behalte ich, aber alles andere hat mich nicht so interessiert. Während des Turniers zählte für mich immer die Konzentration auf das nächste Spiel, und alles andere, wenn es da um mehr Geld ging oder irgendwelche Termine, war für mich nicht so wichtig.

SP: Aber an was erinnerst du dich denn dann?

WO: Wichtig war mir, überhaupt bei einer WM dabei zu sein. Für einen Spieler gibt's nichts Schöneres. Und wenn man dann im Turnier steckt, gibt's natürlich nichts Schöneres, als zu spielen und erfolgreich zu sein. Ich kam mit 23 als junger Kerl da rein, hatte 16 Länderspiele gemacht, sieben oder acht davon noch beim Seppl und dann kam der lange Schön als Trainer.

SP: Was für ein Ding! Sepp Herberger hat dich damals für die Nationalmannschaft nominiert, nicht Helmut Schön. Ich sitze also vor jemandem, der noch unter Sepp Herberger Fußball gespielt hat. Das hat schon historische Dimensionen hier in deinem Büro.

WO: Als ich zur Nationalmannschaft kam, war Helmut Schön noch Co-Trainer beim Herberger. Das kann man sich heute überhaupt nicht mehr vorstellen, wie das damals war. Der Seppl war eine richtige Autoritätsperson – und ein wahnsinnig feiner Kerl, auch als er nicht mehr Trainer war. Wenn er nach Köln kam, kam er immer vorbei und wir haben miteinander geredet. Er war stolz, wenn er Spieler entwickelt hatte, aber die Art, wie er damals uns Jungs hat trainieren lassen ... Das würde heute drei Wochen lang gut gehen, dann wär's vorbei.

SP: Das musst du der Nachwelt erzählen! Was meinst du damit? Hat das was mit Medizinbällen zu tun?

WO: Der Seppl war ein absoluter Herrscher, wenn der etwas gesagt hat, war das Gesetz. Das kann man sich heute überhaupt nicht mehr vorstellen. Als junger Kerl war ich direkt bei den Lehrgängen dabei, da hat er dann beim gemeinsamen Essen zu uns gesagt: „Aber getrunken wird nichts!" Heute würdest du denken: Was ist das denn? Ich muss doch Wasser trinken. – Ne, kein Wasser und gar nichts, lautete seine Ansage. Du durftest nichts trinken. Was passierte aber nach dem Essen? – Wir gingen alle nach oben auf unsere Zimmer und haben dort unter dem Wasserhahn gelegen und getrunken. *(lacht)*

SP: Ihr habt heimlich Wasser getrunken? Unglaublich!

WO: Sepp Herberger hat gesagt: kein Wasser! Damals hieß es, zu viel Wasser sei schädlich. Da haben wir zunächst gehorcht, doch oben auf den Zimmern haben wir dann unseren Durst gestillt.

SP: Gab es noch andere Sachen, die typisch für Herberger waren?

WO: Mit 19 habe ich das erste Länderspiel bestritten, gegen die Türkei. Nach einem Training kam der Seppl zu „Bulle" und mir ins Zimmer. Wir hatten da unsere Klamotten ausgebreitet und auf der Heizung und dem Boden liegen. Da sagte der Seppl nur: „Zehn Minuten, und wenn das hier nicht in Ordnung ist, könnt ihr nach Hause fahren." *(lacht)* Da haben wir so schnell wie möglich die Klamotten wieder weggeräumt und es war gut. Beim Seppl gab es keine Widerworte. Hätte bei ihm irgendeiner gegenüber der Zeitung gesagt, „Ich glaube, die Taktik war falsch" oder etwas Ähnliches, der hätte es hinter sich gehabt, der hätte nicht mehr zu erscheinen brauchen.

SP: So war das also damals.

WO: Absolut. Und nach dem Sepp Herberger kam ja der Helmut Schön und damit der Unterschied, besser gesagt die Änderung der Trainingssituation. Der lange Schön hat nämlich uns Spieler mit einbezogen, vor allem die älteren Spieler. Er hat mit ihnen geredet, sich angehört, was sie zu sagen hatten, hat dann aber letzten Endes seine eigene Meinung durchgesetzt. Er war einfach offen fürs Gespräch. Gab es aber Misserfolge bei der Mannschaft, haben viele geschrieben, er sei zu „weich", ließe sich viel zu viel erzählen. Ich kann dazu nur sagen, Entscheidungen hat der lange Schön immer selbst getroffen.

SP: Vermutlich musste er in seine Rolle erst hineinfinden, bei der WM 1966 war schließlich noch Sepp Herberger in beratender Funktion mit dabei. Musste sich Helmut Schön freischwimmen?

WO: Ich weiß nicht, wie der Übergang zwischen Herberger und Schön funktioniert hat. Ich weiß nur, wie sich der Seppl von dem Tag an, als der lange Schön die Mannschaft übernommen hat, zurückzog und nie mehr bei der Mannschaft hat blicken lassen. Das fand ich bewundernswert. Er hat auch nie versucht, irgendwie noch mitzumischen. Mit Helmut Schön fand dann der Übergang zu einer neuen Art von Trainingsvarianten und -möglichkeiten statt. Mit ihm begann ein neuer Stil.

SP: Wie ging es weiter?

WO: Helmut Schön hatte mich bereits in der Jugendnationalmannschaft gesehen, erlebt und trainiert. 1961 belegten wir mit der DFB-Juniorennationalmannschaft bei einem Turnier in Portugal den dritten Platz. Nun war ich bei der WM '66 dabei, und in der Phase waren die Dortmunder mit Held und Emmerich wahnsinnig stark. Der Lothar hat vorne viel reingedrückt und der Siggi war läuferisch stark.

SP: Die Dortmunder haben 1966 den Europapokal der Pokalsieger gewonnen, in der Partie gegen den FC Liverpool.

WO: Das war eine tolle Zeit für die beiden, jeder für sich war eine ganz starke Nummer. Und ich glaube, man sah auch an meiner Rückennummer 12, die ich drei Turniere lang getragen habe, dass der lange Schön für die WM-Teilnahme vielleicht eher an die beiden, Siggi Held (Rückennummer 10) und Lothar Emmerich (Rückennummer 11), gedacht hatte. Das kann ich mir jedenfalls gut vorstellen. Die waren gesetzt. Und dann bin ich mit zum Turnier gefahren und habe da wohl ganz ordentlich trainiert. Und der Dettmar Cramer (1966 Assistent von Helmut Schön, zusammen mit Udo Lattek) war auch einer, der unheimlich viel Ahnung hatte. Und dann haben die Trainer mich sofort fürs Spiel gegen die Schweiz aufgestellt. Franz Beckenbauer und ich im Mittelfeld, das funktionierte einfach gut, da haben wir damals 5:0 gewonnen. Ich glaube, ich habe da sogar noch einen gegen die Latte gehauen, aber eigene Tore waren für mich total unwichtig.

SP: Moment, das musst du erklären. Wie meinst du das?

WO: Für mich ging es einfach ums Fighten, Kämpfen, Laufen. Und zwar so gut, dass du auf jeden Fall in der Mannschaft bleibst, war meine Idee. Heute würde ich sagen, natürlich musst du auch mal einen reinmachen, aber so bin ich damals in meine erste WM gestartet, und dann sind wir ja bis ins Endspiel gekommen. Spielerisch gesehen war aber von allen drei Teilnahmen die WM 1970 meine beste.

SP: Im Nachhinein sprach 1966 die ganze Welt natürlich über das Finale und das legendäre Wembley-Tor, das – wie wir alle wissen – keins war. Kaum einer redet aber über das Viertelfinale gegen Uruguay (4:0), als es noch relativ ausgeglichen war, und das nicht geahndete Handspiel von Karl-Heinz Schnellinger, der den Ball am eigenen Tor klärte.

WO: Daran kann ich mich nicht mehr erinnern.

SP: Nach dem Handspiel ging es drunter und drüber, und der uruguayische Spieler Horacio Troche hat dem Uwe Seeler sogar noch eine Ohrfeige verpasst.

WO: Die Jungs aus Uruguay waren gute Fußballer, haben allerdings ordentlich ausgeteilt.

SP: Im Halbfinale ging es dann gegen die Sowjetunion (2:1) und dann standet ihr im Endspiel gegen den Gastgeber England, im riesigen Wembley-Stadion.

WO: Wir hatten eine gute Mannschaft, mit der wir im Finale gegen die Engländer mithalten konnten. Am Ende haben wir uns nicht so sehr geärgert, dass wir Zweiter geworden sind. Und das hat uns als Mannschaft – so wie wir uns nach dem Schlusspfiff verhalten haben, wie wir die Niederlage geschluckt haben – viel Ansehen eingebracht. Wir haben zwar beim Wembley-Tor schon protestiert an der Seitenlinie, haben dann aber fair weitergespielt und kein Theater gemacht. Ich glaube, wir hätten genauso gut unsere Chancen nutzen können, die Engländer zu schlagen, die große Spieler in ihrer Mannschaft hatten: Bobby Charlton, Roger Hunt und Geoff Hurst und wie sie alle hießen. Für mich war das der Beginn meiner internationalen Karriere und ein richtiges Lehrturnier, bei dem man sich selbst sagt: So, jetzt musst du erst mal sehen, was überhaupt geht. Mir war klar, eine WM ist das Größte, was es im Fußball gibt, aber wie das alles abläuft, davon hatte ich bis dahin ja keine Ahnung!

SP: Das klingt ziemlich abgeklärt.

WO: Vier Jahre später, mit 26 und im besten Fußballalter, bin ich ja dann wieder zur WM mitgefahren, und da in Mexiko habe ich die Welt natürlich schon ganz anders gesehen.

SP: Aber nochmal zurück zu Wembley: In der wüsten Schlussphase des Endspiels gab es noch das 2:4, ein Konter von Geoff Hurst, dem du in der letzten Minute hinterherrennst. Das Tor war natürlich die Entscheidung, das Finale war verloren. Ein Wahnsinnsspiel! Was dachtest du in dem Moment?

WO: Gar nix. Da bist du leer, das Spiel ist entschieden, und zwar unglücklich mit der ganzen Geschichte. Und dann steckst du auch noch im Land des neuen Fußballweltmeisters. Da hast du keine große Chance, noch an irgendetwas zu denken. Wenn wir in Deutschland gespielt und nach der Niederlage noch unser Publikum gehabt hätten, wäre das vielleicht etwas anders gewesen. Wir haben uns super verkauft für den deutschen Fußball, und der zweite Platz war schön, auch für mich persönlich. Schließlich war es meine erste WM-Teilnahme und wir wurden Zweiter. Ein Riesenerfolg!

| England | 4:2 n. Verl. | Deutschland |
| | (3:2, 2:2, 1:1) | |

Wembley (London), 30. Juli 1966
Weltmeisterschaft 1966, Finale

England: Banks, Cohen, Charlton, Moore, Wilson, Stiles, Charlton, Peters, Ball, Hunt, Hurst
Trainer: Ramsey

Deutschland: Tilkowski, Höttges, W. Schulz, W. Weber, Schnellinger, Haller, Beckenbauer, Overath, U. Seeler, S. Held, Emmerich
Trainer: Schön

Tore:

	0:1	Haller (12.)
Hurst (18.)	1:1	
Peters (78.)	2:1	
	2:2	W. Weber (90.)
Hurst (101.)	3:2	
Hurst (120.)	4:2	

Zuschauer: 93.000
Schiedsrichter: Dienst, Gottfried (Schweiz)
Assistenten: Galba, Karol (Tschechoslowakei), Bakhramov, Tofik (Sowjetunion)

SP: Ihr habt euch, das ist überall zu lesen, nicht wie Verlierer, sondern als Teilnehmer eines Finales gefühlt. Das verhält sich heute oft anders. Wenn heute der Vizeeuropa- oder -weltmeister geehrt wird, nehmen viele der unterlegenen Spieler die Silbermedaille gleich wieder ab oder tragen sie erst gar nicht. Würdest du sagen, das hat sich zu früher verändert?

WO: Das habe ich früher nicht so erlebt. Und 1966 waren wir als Mannschaft froh, überhaupt ins Finale gekommen zu sein. Damit hatte vorher ja keiner gerechnet. Und wir hatten auch nicht so eine bombastische Mannschaft, dass wir selber gesagt hätten, wir fahren als Favorit dahin. Aber dann haben wir ein gutes Turnier gespielt, uns gut verkauft, und das hat gereicht.

SP: Ihr kamt nach Deutschland zurück, habt hier tolle Empfänge erlebt und wurdet auch von Bundespräsident Heinrich Lübke geehrt. Und was ich witzig finde, er begrüßte euch mehr oder weniger mit den Worten: Ja, es hat aber auch jeder gesehen, dass der Ball hinter der Linie war. Er habe den Ball beim 3:2 im Netz zappeln gesehen. Und dann verlieh er euch als Mannschaft das Silberne Lorbeerblatt, die höchste sportliche Auszeichnung. Da hattet ihr aber eine ordentliche Krawatte, oder?

WO: Lübke war schon ein toller Mann. *(schmunzelt)*

WM 1970 – MEXIKO

„Ich habe kein Problem damit, Menschen anzuerkennen, die ein größeres Talent haben."

SP: Über die Weltmeisterschaft 1970 in Mexiko sagst du, sie war spielerisch deine beste WM. Warum?

WO: Meine Rolle war mir da einfach bewusster, ich war schon eine Persönlichkeit und hatte in sieben Jahren an die 50 Länderspiele gemacht. Verglichen mit der Zahl heute ist das ja etwas völlig anderes. Heutzutage stehen die Spieler einer Nationalelf an die 15-mal im Jahr auf dem Platz. Mexiko war auch eine Super-WM mit dem „Jahrhundertspiel" gegen Italien. Da kannst du heute noch jeden, der sich ein bisschen für Fußball interessiert, mit hervorlocken. Du sagst „Mexiko 1970", und dann kommt sofort: „Ah, das Jahrhundertspiel gegen Italien!" Das ist bei vielen hängen geblieben, weil dieses Spiel so packend hin und her ging. Wir gingen in Führung, dann führten die Italiener. Das war schon ein tolles Spiel!

SP: Nicht zu vergessen das Dreieck Libuda, Overath und Beckenbauer – und natürlich lief ein Gerd Müller auch noch über den Platz. Ich meine, was sind das für Spieler?

WO: Stan war ein Geschenk Gottes.

SP: Was war denn so besonders an Reinhard „Stan" Libuda vom FC Schalke 04?

WO: Er war in meinem Alter und wenn er aufgedreht war, ging's rund. Ich kam immer gut mit ihm aus. Aber es gab ja noch einen Stan, Stan Matthews.

SP: Stanley Matthews, einer der besten Fußballer Englands und 1956 erster Preisträger des Ballon d'Or (Europas Fußballer des Jahres).

WO: Der war so ein ähnlicher Typ wie Libuda, nur ein paar Jahre früher. Die beiden konnten dribbeln, nicht so wie alle anderen, die hatten die Knie am Boden. Überhaupt, wenn Stan Libuda aufgedreht war, hat er Völkerstämme verrückt gemacht …

SP: Was? Völkerstämme verrückt gemacht? *(lacht)*

WO: Dann war Stan ein Geschenk für den Fußball. Wie er reingerutscht ist, dann wieder ausgeholt hat, sensationell! Aber er hat halt nicht immer so gute Tage gehabt. Und wenn er gemerkt hat, dass bei ihm nichts lief, hat er meistens gesagt: „Dann lass."

SP: Das heißt, dann hast du als Spielmacher ihm den Ball auch gar nicht gegeben?

WO: Das kann schon sein, dass er dann ein wenig verhungerte. *(lacht)*

SP: Auf Schalke erzählt man sich heute allerdings noch die Geschichte, dass er manchmal Leute überdribbelt hat und dann wieder zurück ist, um sie noch mal zu überdribbeln. War das früher so mit ihm?

WO: Stan war wirklich in dieser Art ein Genie. So wie ihn habe ich in Deutschland kaum einen anderen Spieler in der Außenposition erlebt – wenn er denn aufgedreht war.

SP: Du hast ja ein Auge dafür und siehst sofort, ob jemand wirklich kicken kann. Du spürst, was da mit dem Ball passiert und welche Gedanken in den Bewegungen dahinterstecken. Was siehst du denn da? Und was unterscheidet Genies von anderen Spielern?

WO: Erstens musst du natürlich eine gute Technik haben. Zweitens darfst du nicht zu langsam sein. Und drittens, wenn du dribbelst, dann musst du so viel sehen wie kein anderer. Das heißt, du bist gedanklich immer einen Schritt voraus, weil du das Selbstvertrauen und den Mumm hast. Und es gehört Mut dazu, dreimal zu dribbeln und abzuwarten, bis der Gegner kommt, und dann nochmal anzufangen. Aber das vorauszusehen, dafür brauchst du Selbstvertrauen. Dann siehst du, wo der andere hingeht. Da kann man nicht lange warten oder überlegen, mache ich jetzt das oder das, das muss einfach vom Instinkt her funktionieren! Wenn einer so ein Talent hat wie Stan, bei ihm war es extrem, dann stehst du daneben und denkst: Das gibt es gar nicht, wie der diese Bewegungen hinkriegt. Durch Körpertäuschung versucht er, den anderen da hinzubringen, dass er nach links oder rechts geht, und dann geht er auf der anderen Seite vorbei. Ein gewöhnlicher Stürmer würde dann Richtung Tor gehen, Stan aber hatte da noch nicht genug, der kam wieder angelaufen und hat das Dribbling noch mal gemacht.

SP: Geht es da um reine Lebensfreude und den Spaß am Spiel?

WO: Ich glaube schon. Stan hatte viel Spaß dabei. Jeder gute Fußballer hat Spaß, wenn er dem anderen durch die Beine spielt oder ein besonderes Ding macht, aber in seiner Art, noch mal, war Stan sensationell.

SP: Du auch, die südamerikanischen Journalisten haben dich bei der WM 1970 gefeiert. Du hast in Mexiko wirklich Eindruck hinterlassen, nicht nur bei den Leuten von der Presse.

WO: Viele haben sich damals geäußert, auch Pelé. 1970 war einfach meine beste WM. César Luis Menotti, der argentinische Trainer, der 1978 mit der Mannschaft Weltmeister wurde, hat sich immer wieder in Interviews auf mich und meine Art, Fußball zu spielen, bezogen. Es ist eigentlich schade, dass ich nie einen persönlichen Kontakt zu ihm hatte. Erst vor ein paar Monaten habe ich versucht, über einen Journalisten Kontakt zu ihm aufzubauen. Er sagte, er sei dran und versuche es, aber es sei schwierig. Denn wenn so ein südamerikanischer Trainer so etwas über dich sagt, ist das was anderes, als wenn das ein europäischer macht. Ich vermute mal, der muss einfach an mir und meiner Art, Fußball zu spielen, einen Narren gefressen haben. Und wenn ein Trainer seiner Klasse so etwas sagt, dich als Spieler so sieht, dann macht dich das stolz. Da kann dann das Lob eines Trainers aus der Regionalliga nicht mithalten. *(lacht)*

SP: **Kannst du dir erklären, warum die Südamerikaner dich so geschätzt haben?**

WO: Ich glaube, meine Art Fußball zu spielen, entsprach ihrer südamerikanischen Vorstellung von Fußball. Südamerikaner sind ja alle ein bisschen fußballverliebt. Um sie zu begeistern, muss man ihnen einfach zeigen, dass man mit dem Ball umgehen kann, dass man Leidenschaft hat und fighten kann. Und da war ich ihnen mit meiner Spielweise näher als der europäischen, beispielsweise der englischen.

SP: **Wolfgang, der kölsche Brasilianer.** *(lacht)* **Du würdest aber nicht sagen, du bist im falschen Land geboren, oder? Stell dir das mal vor: Wie wäre es gewesen, wenn du als Fuß-**

baller in einem südamerikanischen Land geboren worden wärest? Ich meine, du hast ja auch eine brasilianische Adoptivtochter ...

WO: Weiß ich nicht. *(lacht)* Ich mag die Südamerikaner sehr und war gerne zu Spielen bei ihnen. Die Menschen dort sind offener. Auch bei Spielen hierzulande mit einer Prominentenmannschaft hatte ich sofort Kontakt zu den südamerikanischen Spielern. Die verstehen die Art, Fußball zu spielen, einfach anders als Europäer.

SP: Diese andere Perspektive finde ich interessant. Du selbst hast ein Leben lang in Deutschland gewohnt, hast nie bei einem anderen Verein oder unter Vertrag im Ausland gespielt, aber du hast viel von der Welt gesehen, warst viel unterwegs. Oft fällt einem im internationalen Unterschied ja etwas auf. Gibt es da Dinge, die dir aufgefallen sind?

WO: Ich muss sagen, zu meinem Verhalten, nie gewechselt zu haben, hat auch beigetragen, dass ich relativ früh eine Frau geheiratet habe, die zu mir gesagt hat: „Du kannst hingehen, wo du willst, aber ich bleibe hier." Im Nachhinein war das, glaube ich, auch am besten für mich, ich habe mich hier in Köln/Bonn immer sehr wohlgefühlt. Von daher ist das für mich schwer zu vergleichen, wie der Brasilianer, Norweger oder Schwede denkt. Letztlich kommt es immer auf den einzelnen Menschen an, ob er anständig und sympathisch ist. Es kommt ja nicht von ungefähr, dass ich von 1963 bis 1977 in nur einem Verein gespielt habe, gerade hier in dieser Region. Ich hatte viele Angebote auch von anderen Vereinen, aber ich habe mich in Köln immer wohlgefühlt. Das hier ist meine Heimat. Im Nachhinein kann ich sagen: Es war gut und richtig so.

SP: Zurück nach Mexiko 1970: Lob bekamst du rund um die WM auch von Helmut Schön, zwischen euch beiden ist von '66 bis '70 ein richtig guter Draht entstanden. Was ist da gewachsen? Und wie hast du deine Rolle gesehen und sein Vertrauen bei der WM 1970 erlebt?

WO: Ich glaube, Helmut Schön ist von vielen Menschen unterschätzt worden. Die haben angenommen, der Schön könne sich nicht durchsetzen. Sie dachten, der rennt zu jedem hin, hört sich die Meinung an und macht, was die Spieler wollen. Doch der lange Schön war ein absoluter Profi, und er konnte dir vom Sachverstand her alles genau erklären, weil er selbst ein großer Fußballer gewesen ist. Ab und zu hat er auch noch „vier gegen zwei" mitgespielt, der konnte mit dem Ball am Fuß wirklich was anfangen und im Spiel erkennen, den bringe ich jetzt oder bringe ich nicht. Der Helmut Schön kannte seine Nationalspieler, er wusste über alle Bescheid, was sie konnten, kannte ihren Charakter, aber in seiner Art war er kein Typ wie der Sepp Herberger.

SP: Herberger war also ein Patriarch, der alles kontrollierte?

WO: „Patriarch" klingt immer so böse, er hatte einen anderen Weg.

SP: Findest du das böse?

113

WO: Er hatte einen anderen Weg.

SP: Helmut Schön gilt bis heute als einer der erfolgreichsten Nationaltrainer der Welt.

WO: Von 1966 bis 1974 hatten wir mit ihm unglaublich erfolgreiche Jahre. Damals gab es großartige Spieler, die alle in der deutschen Nationalmannschaft und in der Bundesliga vertreten waren. In fast jedem Verein gab es überragende Spieler: Grabowski, Seeler, Beckenbauer, Müller – und viele andere waren in ganz Deutschland vertreten. Heute ist das alles ein bisschen anders, weil sich die Spieler immer mehr aneinander angleichen. Messi, Ronaldo und Co. sind möglicherweise die letzten, die noch ein bisschen herausstechen. Das hat sicher auch etwas mit dem viel schnelleren Spiel und mit der Athletik zu tun. Du kannst dich heute ja gar nicht mehr so schnell von den anderen absetzen, weil alle schnell und körperlich gut sind.

SP: Ich möchte noch einmal über Franz Beckenbauer und Pelé mit dir sprechen. Das Bild, das vielen im Kopf geblieben ist, ist, wie Beckenbauer im Jahrhundertspiel gegen Italien wegen einer Schulterverletzung mit improvisierter Armschlinge und festgezurrtem Oberarm, das Auswechselkontingent war erschöpft, weiterspielt. Wie hast du die Rolle von Franz Beckenbauer bei der WM 1970 in Mexiko gesehen und dein Zusammenspiel mit ihm? Immerhin habt ihr ja drei Weltmeisterschaften gemeinsam gestaltet.

WO: Aber bei der Teilnahme an WM-Spielen habe ich ihn um ein Spiel geschlagen. *(schmunzelt)*

Uruguay	0:1	Deutschland
	(0:1)	

Azteca (Mexico City), 20. Juni 1970
Weltmeisterschaft 1970, Spiel um Platz 3

Uruguay: Mazurkiewicz, Ubina, Ancheta, Matosas, Mujica, Maneiro (68. Sandoval), Montero, L. Cubilla, Cortes, Fontes (46. Esparrago), Morales
Trainer: Hohberg

Deutschland: H. Wolter, B. Patzke, W. Weber, Schnellinger (46. M. Lorenz), Vogts, U. Seeler, Fichtel, Overath, R. Libuda (74. Löhr), G. Müller, S. Held
Trainer: Schön

Tore:
0:1   Overath (27.)

Zuschauer: 104.403
Schiedsrichter: Sbardella, Antonio (Italien)
Assistenten: Marschall, Ferdinand (Österreich), Aguilar Elizalde, Abel (Mexiko)

SP: Wie kam das?

WO: Weil er ja im Spiel um Platz drei gegen Uruguay verletzungsbedingt nicht spielen konnte. Ich bin der Einzige, der alle Spiele gemacht hat. Aber zu deiner Frage: Es ist ein Geschenk Gottes, dass ich mit einem Spieler wie ihm spielen konnte. Er hatte damals diese Leichtigkeit, dieses Talent, und wenn er dann schnell war, ... Er konnte einfach alles, hinten mal zur Sache gehen genauso wie Kopfbälle holen. Der Franz ist ein Fußballer, der mit dem Ball alles machen konnte, der schnell war, der spielerisch das Spiel nach vorne bringen konnte, der auch verteidigen konnte, der bei Flanken hoch zum Kopfball ging, der konnte einfach alles. Und das ist schon Glück, wenn man acht Jahre mit so einem im Grunde genommen immer zusammen in der Nationalmannschaft gespielt hat. Außerdem ist er ein ganz feiner Kerl, ein Anständiger, kein Krummer, kein Linker. Wir haben heute noch ein gutes Verhältnis und telefonieren alle zwei, drei Wochen miteinander. Das ist schon einzigartig!

SP: Und wie siehst du da Pelé? Für ihn war die WM '70 mit ungeheurem Druck verbunden. Er hatte schon seit 1958 einige Weltmeisterschaften gespielt und seinem Vater versprochen, dass er Weltmeister wird. Sein Vater war ja auch ein guter Fußballer, bis er von einem der späteren Nationalspieler Brasiliens zum Sportinvaliden getreten wurde, der dann 1950 das Finale in Brasilien mit der Mannschaft verloren hat. Pelé hat sich das Spiel damals zusammen mit seinem Vater angehört. Ausgerechnet der, der Pelés Vater zu Klump getreten hatte, verlor im heimischen Rio das Finale gegen Uruguay – ein Desaster für die Brasilianer. Und deswegen hat Pelé seinem Vater versprochen: Ich hole die Weltmeisterschaft. Hat er geschafft – 1958 zum ersten Mal. 1962 war er früh verletzt. Dann 1970, im Herbst seiner Karriere – Brasilien war unter einer Diktatur, die Mannschaft musste diese WM holen, was anderes gab es nicht –, da herrschte dieser Mega-Druck. Du hast eben gesagt, Pelé war für dich der Allergrößte. Es gibt ja dieses bekannte Bild von ihm, wo er im Finale das Kopfball-Tor erzielte. Mit seinen 1,73 sprang er da gefühlte drei Meter hoch. Du kennst ihn, wie hast du Pelé erlebt?

WO: Wenn ich an Pelé denke, dann erinnere ich mich zunächst immer an eine Szene aus dem Spiel 1958 gegen Schweden, die hast du bestimmt auch im Kopf. Er war im Sechzehner, dann spielte er den Ball, hob den über einen anderen Spieler drüber und haute das Ding ins Tor. Die Szene blieb bei mir hängen. Und die Frage: Wie konnte ein 17-Jähriger so etwas machen?

SP: Und wie hast du ihn 1970 erlebt?

WO: Als Mannschaft haben wir ja das Finale Brasilien gegen Italien noch im Stadion gesehen. Wir hatten den Tag zuvor unser Spiel um den dritten Platz gegen Uruguay gehabt, da habe ich noch mal, wie ich finde, ein überragendes Spiel gemacht. 1970 war Pelé schon kurz vor Ende seiner Nationalmannschaftskarriere und natürlich eine große Persönlichkeit. Doch eigentlich hätten die Brasilianer uns noch etwas dafür geben müssen, dass wir die Italiener im Halbfinale körperlich so gegen die Wand gespielt hatten. Denn die Italiener besaßen eine gute Mannschaft, die hatten wirklich große Namen dabei. Es gab zehn, zwölf Leute, die waren überragend, wenn ich da vor allem an Mazzola und Boninsegna denke. Jetzt standen sie im Finale, hatten sich aber drei Tage vorher gegen uns verausgabt. Die Italiener waren gar nicht mehr in der Lage, körperlich gegen die Brasilianer zu bestehen. Sie hätten sich mit mehr Kraft bestimmt gegen die Brasilianer durchsetzen können, denn Brasilien war jetzt keine großartige Mannschaft. Die hatten zwar Topspieler, aber die Mannschaft stand nicht gut auf dem Platz. Das ständige Hin und Her und dann noch die Verlängerung gegen uns hatte die Italiener zu viel Kraft gekostet, das ist meine persönliche Meinung. Da können die Brasilianer sich noch bei uns für bedanken!

SP: Hat Pelé das mal getan?

WO: Ne, hat er nicht. Pelé war einfach ein feiner Kerl. Als wir in Japan beim Kamamoto-Abschiedsspiel waren, hat auch Karin ihn kennengelernt. Er war auch in Begleitung, er hatte ja oft Frauen dabei, ich weiß aber nicht, ob er mit dieser zusammen war.

SP: Aber du warst mit deiner Frau da.

WO: Ja, und da haben wir vier abends zusammengesessen. Pelé war ein ganz lustiger Kerl. Als er mal nach Deutschland kam, rief er an und wir haben bei der Stadt und beim FC einen Empfang für ihn gemacht. Für mich war er der absolut größte Fußballer, den es gegeben hat.

SP: Lass uns noch mal über deinen Zimmergenossen reden, Franz Beckenbauer. Du kennst ihn ja wirklich, und ich finde, in der Rückbetrachtung auf ihn verhält es sich zurzeit oft so, dass man eher über 2006, die WM-Vergabe, redet und nicht mehr über das, was er in den 60er- und 70er-Jahren war. Ich finde, es gibt viele, die mit ihm als Idol schlecht umgehen – und so viele Idole haben wir in Deutschland nicht. Und mir fällt gerade auf, wie du von ihm als Spieler in den allerhöchsten Tönen schwärmst – und ich höre raus, auch als Mensch. Ihr wart bei zwei Weltmeisterschaften Zimmerkollegen. Wer ist Franz Beckenbauer für dich?

WO: Ich habe kein Problem damit, Menschen anzuerkennen, die ein größeres Talent haben, die besser sind als ich. Ich versuche immer, mich so zu verhalten, dass ich dem anderen das gönne, weil er es eben besser kann. Neid ist für mich da eine ganz schlimme Angelegenheit. Franz ist zwei Jahre jünger als ich, er war bereits Nationalspieler, da hat er noch bei Bayern irgendwo in der zweiten Liga gespielt. Er ist für mich ein überragender Fußballer und außergewöhnlicher Mensch, ein wahnsinnig feiner Kerl. Aber es nützt dir nichts, wenn du nur ein überragender Fußballer oder nur ein außergewöhnlicher Mensch bist. Wenn du im Fußball eine Führungsposition einnehmen willst oder musst, weil die Öffentlichkeit das will, dann musst du beides leisten und verbinden können, und das war bei ihm ohne Ende gegeben – das Spielerische wie das Menschliche.

SP: Er war komplett in deinen Augen?

WO: Komplett, komplett. Franz war für mich der perfekte Spieler! Ich sage ja, früher war mein Idol Fritz Walter. Früher. So wie er das Spiel machte, das war meine Welt. Aber Franz war mit seiner Art zu spielen unvorstellbar, der gehört zu den ganz, ganz Großen, und da gibt's wenige. Ich sage immer: Pelé, Messi, Maradona und dann kommt schon Beckenbauer.

SP: Ist schon irre.

WO: Das ist wirklich so. Franz ist nicht nur ein Freund in dem Sinne, sondern wir haben schöne Zeiten miteinander gehabt. Ich glaube, wir beide haben von 1966 bis 1974 die besten Jahre der deutschen Nationalmannschaft mitgemacht. Wir sind erst Zweiter, Dritter und dann Weltmeister geworden. Es gab damals viele überragende Spieler, später wurden es aber immer weniger, da das System sich veränderte. Spieler, die in dieser Art herausragend sind, gibt's doch heute kaum noch.

SP: Weil ja auch die Räume nicht mehr da sind.

WO: Messi und Ronaldo hatten die noch, danach hört es aber fast schon auf. Und noch mal, es geht ja auch um die Kombination Mensch und Fußballer.

SP: Wer von euch hat '70 und '74 eigentlich länger im Bad gebraucht? Ihr hattet ja beide ziemlich lange Matten.

WO: Kann ich nicht sagen, aber Franz war auch einer, der sich gepflegt hat. Ich habe mehr darauf geachtet, wie wir das Spiel am Nachmittag oder am nächsten Tag hinkriegen.

SP: Ihr habt euch einander ein Leben lang in verschiedenen Phasen begleitet. Franz Beckenbauer steht nun nicht mehr so in der Öffentlichkeit, ist gesundheitlich angeschlagen. Er darf seine Ruhe haben, er ist jetzt in dieser Lebensphase angekommen. Aber du hast ihn als Spieler erlebt, als erfolgreichen Teamchef und auch als denjenigen, der die WM 2006 nach Deutschland geholt hat. Er hat dabei Höhenflüge erlebt, aber auch Wellen und Täler. Was bedeutet dir in dem Zusammenhang Freundschaft?

WO: Eins muss ich dir vorweg dazu sagen: In seiner Karriere bis 2006 hat Franz Beckenbauer nicht das erlebt, was wir anderen alle schon mal erlebt haben. Für Franz ging es nur nach oben. Und dann passierte dieses Unvorstellbare, dass man versucht, ihn wegen der WM-Vergabe 2006 in den Dreck zu ziehen. Solch einen persönlichen Tiefschlag, den du und ich im Leben schon mal anderswo erlebt haben – vielleicht auch schon öfters oder nicht ganz so schlimm –, kannte der Franz überhaupt nicht. Rückschläge waren dem total unbekannt. Was Franz früher gesagt hat, das war Gesetz. Wenn er früher gesagt hat „Der Himmel ist blau" und er war grau, dann war er für die meisten Menschen eben blau.

SP: Die Lichtgestalt konnte also Kaiserwetter machen.

WO: Später, in der Phase um 2006, war der blaue Himmel aber für viele nur noch grau. Und wenn du so etwas auf einmal im Alter erlebst, Tiefschläge, die du vorher gar nicht kanntest, dann tut das dreimal mehr weh, und zwar hier im Herzen. Wenn ich in meinem Leben Rückschläge erfahre, dann tun die weh, weil ich von etwas getroffen bin. Dann denke ich kurz „Jetzt hast du keinen Bock mehr", und berappele mich wieder. Aber im Unterschied zum Franz habe ich früher so etwas schon häufiger erlebt.

SP: Wie meinst du das?

WO: Diese Phasen, in denen es im Leben rauf und runter geht.

SP: Du warst darin also trainierter?

WO: Ich habe sie bereits als junger Mensch erlebt und dann kannst du dich mehr darauf einstellen. Aber wenn du das mit über sechzig zum ersten Mal erlebst …

SP: Dann ist das eine ordentliche Keule!

WO: Und du spürst auf einmal diesen Druck, vielleicht zum ersten Mal. Viele, die vorher nur hinter ihm her gehechelt sind, kamen an und sind ihm in den Rücken gefallen. Das hat ihm erheblich zugesetzt. Ich glaube, für ihn war das schlimmer als alles andere.

SP: An der Stelle ist man als Freund da, oder?

WO: In der Phase, als das Ganze anfing und als es dann besonders schlimm wurde, war ich für ihn da. Auch danach haben wir oft miteinander telefoniert. Ich habe immer gesagt: Franz, wenn du mich brauchst, ruf mich an. Ich komme auch nachts, wenn ich dir helfen kann. Und da hast du gemerkt, da war nicht mehr dieses … *(stockt)*

SP: Hat ihn das gebrochen?

WO: Das hat ihm ungeheuer zugesetzt, das ist meine Meinung.

WM 1974 – DEUTSCHLAND

„Auf einmal ging alles."

SP: 1974 fand die Weltmeisterschaft in Deutschland statt. Woran denkst du, wenn du an die WM '74 zurückdenkst?

WO: Das Endspiel gegen die Niederlande (2:1).

SP: Nur an das Finale?

WO: Hauptsächlich, aber nicht nur. Ich denke auch an das erste Training.

SP: Warum ausgerechnet daran?

WO: Ich hatte ja dieses Gespräch mit dem langen Schön, weil ich überlegt habe, nicht mitzufahren. Vor der WM hatte ich einfach kein Selbstvertrauen, vieles klappte bei mir nicht. Und ich dachte, wenn du so spielst, ohne Selbstbewusstsein, das kann nicht gut gehen. Aber natürlich beschäftigte mich der Gedanke: Du musst Erster werden. Ich war ja schon Zweiter und Dritter geworden, von daher war natürlich der Wille da, doch mitzufahren, aber ich war unsicher. Helmut Schön hat mich dann ermutigt, doch mitzukommen. Und als ich dann am Morgen zum ersten Training runterging, auf den Platz kam und anfing zu spielen, merkte ich – auf einmal ging alles. Das vergesse ich nie.

SP: Das war in der Sportschule in Malente, in der unmittelbaren Vorbereitung auf das WM-Turnier?

WO: Ja, am Samstag oder Sonntag haben wir uns als Mannschaft getroffen und am Montag fand das erste Training statt. Ich kam dahin und hatte ein grausames Jahr hinter mir, überall war ich nur ausgepfiffen worden. Viele Journalisten forderten deswegen Günter Netzer als Spielmacher. Nach dem Motto, der spielt doch bei Real Madrid. Und 1972, als ich wegen eines Leistenbruchs pausieren musste, hatte Günter eine überragende Europameisterschaft gespielt. Nicht überall, aber in vielen Stadien. Die Journalisten wussten, dass sie mich damit treffen konnten.

SP: Haben sie das geschafft?

WO: Ja, denn in der Phase vor der WM habe ich mein Selbstvertrauen nicht wiedergefunden. Ich habe nur versucht, sicher zu spielen, aber nichts mehr zu riskieren, gar nix! Nur, selbst das hat nicht funktioniert. Und da kam es zu dem Punkt, dass der Schön mich angerufen hat und ich zu ihm gesagt habe: „Ich weiß noch nicht, ob ich mitkomme." Und das, obwohl mir eigentlich klar war, du musst Erster, du musst Weltmeister werden. Helmut Schön hat nur gesagt: „Komm dahin und spiel im Training mit!" Und in Malente ging auf einmal alles. Doppelpässe und mehr. Wir haben dort gegen eine Amateurmannschaft gespielt. Ich war ja kein Torjäger, aber ich habe da fünf oder sechs Dinger gemacht. Das war, als hätte jemand bei mir einen Schalter umgelegt.

SP: Wie erklärst du dir das?

WO: Ich weiß es bis heute nicht. Vielleicht habe ich von einer Sekunde auf die andere mein Selbstvertrauen zurückgewonnen, durch was auch immer. Ein Fußballer, der kein Selbstvertrauen hat, der kann noch so gut sein – selbst ein Pelé oder Beckenbauer –, aber wenn er kein Selbstvertrauen hat, geht da gar nichts. Selbstvertrauen ist das Allerwichtigste. Dieses Gefühl zu haben, ich bin stark, ich kann was und ich setze mich durch. Das war auf einmal wieder da. Und dann kam das erste Spiel gegen Chile (1:0). Paul Breitner hat da einen reingehauen, aber sonst war das kein gutes Spiel. Wir hatten gewonnen, das reichte, damit war Ruhe.

SP: Dann folgten Australien (3:0) und die DDR (0:1).

WO: Vor dem Australienspiel, als ich noch in der Kabine war, habe ich gehört, wie einige Leute gepfiffen haben. Vielleicht wollen die den Netzer spielen sehen, dachte ich. Ich habe gegen Australien gleich am Anfang ein Tor gemacht, aus zwanzig Metern oben ins Eck. Es war jetzt alles wieder da. Gegen die DDR haben wir uns dann schwergetan. Ich hatte was am Oberschenkel, und in der Halbzeit kam der Bundestrainer zu mir und fragte mich: „Kannst du noch?" – Ich sagte: „Ja!", denn ich hatte ja den Langen, der als Auswechselspieler für mich kommen würde, im Kopf.

SP: Verstehe, deine Entscheidung weiterzuspielen, war also ein bisschen von der Angst getrieben, Günter Netzer könnte bei einer Glanzleistung den Rest des Turniers spielen?

WO: Ja, ich dachte, wenn du jetzt rausgehst und der spielt gut, dann war's das für dich. Also habe ich weitergespielt.

Das ging noch zwanzig Minuten gut, dann rief mich der Schön und brachte den Günter. Ich dachte nur, pass auf, der Lange geht jetzt rein und 10 oder 15 Minuten später kriegen wir einen Freistoß und der macht das Ding rein. Wer weiß, wie dann die WM für mich aussieht, vielleicht spiele ich dann gar nicht mehr. Aber was ist passiert? Der Lange kommt rein und wir verlieren am Ende noch das Spiel. Da war die Stimmung in der Mannschaft natürlich am Boden. Gegen Jugoslawien (2:0) stand ich dann wieder in der Startelf.

SP: In der nächsten Partie gegen Schweden hast du den wichtigen Ausgleich zum 1:1 gemacht und am Ende habt ihr das Spiel mit 4:2 gewonnen.

Deutschland	**2:1**	**Niederlande**
	(2:1)	

Olympiastadion (München), 7. Juli 1974
Weltmeisterschaft 1974, Finale

Deutschland: J. Maier, Vogts, Beckenbauer, Schwarzenbeck, Breitner, U. Hoeneß, Bonhof, Overath, Grabowski, G. Müller, Hölzenbein
Trainer: Schön

Niederlande: Jongbloed, Suurbier, Rijsbergen (68. de Jong), Haan, Krol, Jansen, Neeskens, van Hanegem, Rep, Cruyff, Rensenbrink (46. van de Kerkhof)
Trainer: Michels

Tore:
	0:1	Neeskens (2.)
Breitner (25.)	1:1	
G. Müller (43.)	2:1	

Zuschauer: 78.200
Schiedsrichter: Taylor, John (England)
Assistenten: Barreto Ruiz, Ramon (Uruguay), Gonzalez Archundia, Alfonso (Mexiko)

Bereits fünf Spiele nach seinem Start in der Bundesliga debütierte Wolfgang Overath unter Trainer Sepp Herberger in der Nationalmannschaft. Zwischen 1963 und 1974 spielte er 81-mal für die deutsche Nationalelf. Mit 15 Siegen in 19 WM-Endrundenpartien ist seine Quote eine der erfolgreichsten überhaupt.

15. Juli 1962: Wolfgang Overath kommt als Neuzugang zum 1. FC Köln. „Irgendwie ist Köln immer mein Verein geblieben." Nach der damals einjährigen Wechselsperre für Lizenzspieler folgten 765 Spiele mit den „Geißböcken" und 287 Tore.

© IMAGO / Otto Krschak

Meister-Empfang beim Bundeskanzler: Der 1. FC Köln sicherte sich 1963/64 mit einem 5:2 gegen Borussia Dortmund den Premieren-Titel in der neuen Bundesliga. V. l.: Heinz Hornig, Wolfgang Overath, Hans Schäfer, Kanzler Ludwig Erhard und FC-Präsident Franz Kremer.

© IMAGO / Horstmüller

Bronze, aber eigentlich war es Silber: Wolfgang Overath hat in Andenken an die WM '66 und die gewonnene Vizeweltmeisterschaft seinen Schuh in Bronze gießen lassen.

„Spielerfrau" in den 1960er-Jahren: Klare Rollenverteilung für die volle Konzentration aufs Spiel. Wolfgang Overath lässt sich von seiner Frau Karin das Frühstück servieren.

Zu Hause ist es doch am schönsten. Wolfgang und Karin Overath im Wohnzimmer bei einer Partie Schach. „Ich hatte und habe ein wunderbares Zuhause."

WM 1970: Deutschland verliert in einem der dramatischsten Spiele der Fußballgeschichte gegen Italien 3:4 (n.V.) Helmut Schön tröstet Wolfgang Overath nach dem „Jahrhundertspiel".

Ein Jahr später können beide wieder lachen: Zwischen 1966 und 1974 und während der drei Weltmeisterschaften entstand eine tiefe Beziehung zwischen Bundestrainer und Spielmacher.

In den 70er-Jahren spaltet eine Frage Fußball-Deutschland: Wer ist der bessere Zehner? Günter Netzer (Borussia Mönchengladbach) oder Wolfgang Overath (1. FC Köln)?

© IMAGO / WEREK

Kein Kampf um die Position in der Nationalelf? Viele Fußballfans nahmen den beiden leidenschaftlichen Spielmachern ihre tiefe Freundschaft nicht ab.

© IMAGO / Horstmüller

Wolfgang Overath und Günter Netzer mit Overaths Frau Karin in Netzers Bar „Lovers Lane" in Mönchengladbach, im April 1971.　© IMAGO / Horstmüller

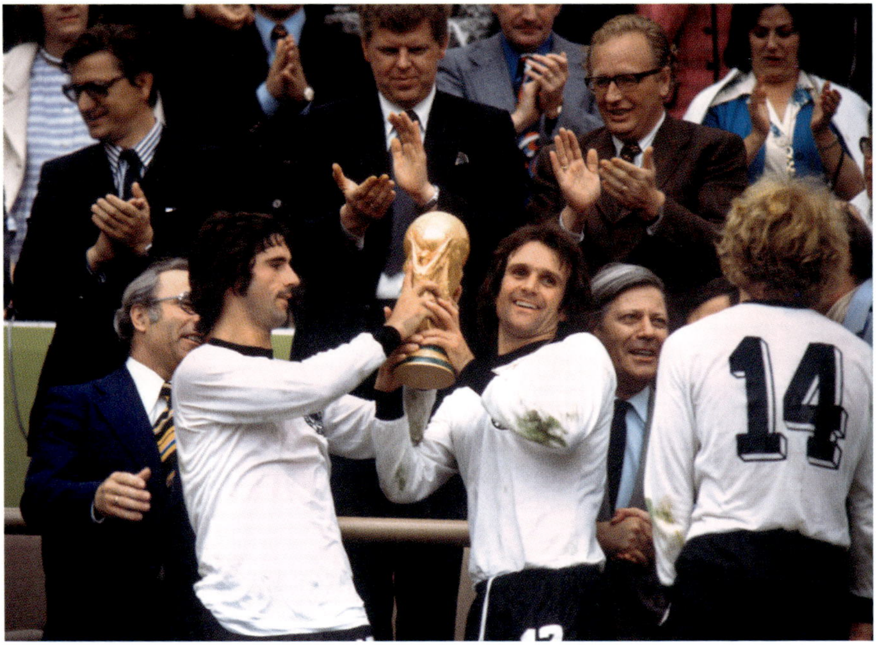

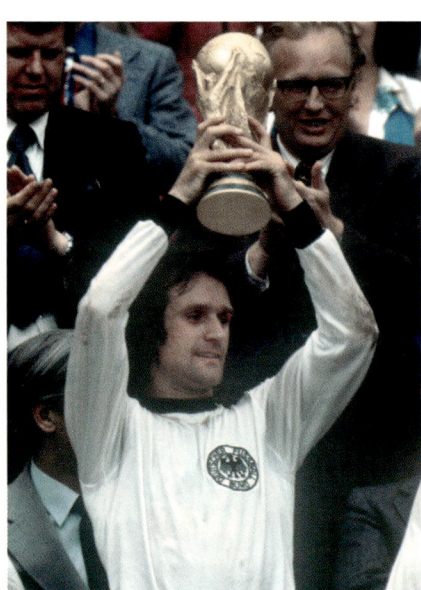

Weltmeisterschaft 1974 in München: Nach dem 2:1 gegen die Niederlande ist Deutschland Fußball-Weltmeister. Gerd Müller reicht den WM-Pokal an Wolfgang Overath weiter.

© IMAGO / Pressefoto Baumann

Ein lang gehegter Traum wurde endlich wahr. „Ich war Zweiter und Dritter geworden und nun waren wir Weltmeister.“ © IMAGO / WEREK

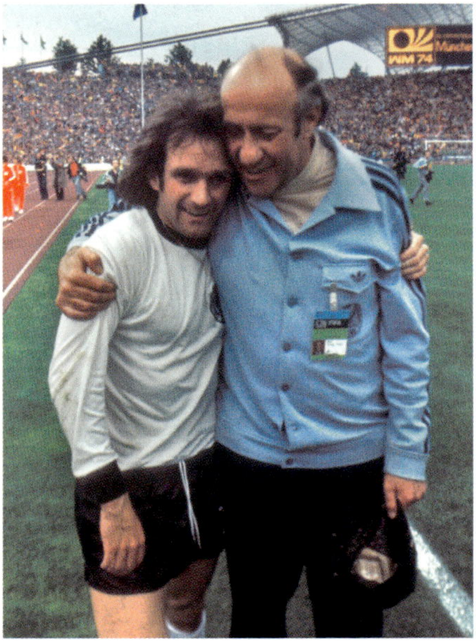

Bundestrainer Helmut Schön und Wolfgang Overath beim Schlussjubel im Olympiastadion in München. © IMAGO / WEREK

Mit 33 machte Wolfgang Overath Schluss: Sein Abschiedsspiel fand mit der WM-Elf von 1974 statt, hi.v.li.: Wolfgang Overath, Jürgen Grabowski, Gerd Müller, Georg Schwarzenbeck, Uli Hoeneß, Franz Beckenbauer, Rainer Bonhof; vo.v.li.: Berti Vogts, Torwart Sepp Maier, Bernd Hölzenbein und Paul Breitner, am 17. Mai 1977.

1. FC
KÖLN

MEINE LIEBE. MEINE STADT.
MEIN VEREIN.

Nach sieben Jahren tritt Wolfgang Overath, der 2004 als Präsident des 1. FC Köln angetreten war, bei der Mitgliederversammlung in der Lanxess-Arena in Köln zurück.

Wegbegleiter: „Für mich der absolut größte Fußballer." Mit Pelé verband Wolfgang Overath eine herzliche Freundschaft. Hier beim Treffen anlässlich des XX. Weltjugendtages in Köln, 2005.

Rückzugsort Familie: Wolfgang Overath mit Ehefrau Karin, Sohn Marco (2.v.li.) und Sohn Sascha. Anfang der 90er-Jahre kam noch Adoptivtocher Silvana aus Brasilien hinzu.

Seit vielen Jahren engagiert sich Wolfgang Overath für obdachlose und benachteiligte Menschen, hier bei einem Benefizspiel der „Lotto-Elf" im Jahr 2016 mit 73 Jahren.

WO: Da lief es auf einmal wieder. Da konnte Helmut Schön den Günter nicht mehr bringen, weil das Spiel einfach gut lief und wir gewannen. Er wollte es aber auch nicht und hat den Günter nachher auch nicht mehr auf die Reservebank gesetzt, sondern auf die Tribüne, weil er Angst hatte, dass die Leute anfangen könnten, nach Netzer zu rufen. So ist es dann bis zum Ende gelaufen, und wir sind Weltmeister geworden.

SP: Und danach gab es für dich nichts anderes, als schnell zu sagen: Jetzt ist Feierabend?

WO: Ich war ja bei Weitem der Spieler mit den meisten Länderspielen. Der Franz hatte, glaube ich, zehn oder zwanzig weniger. Hätte ich weitergemacht, wäre ich der erste Spieler gewesen, der in Deutschland einhundert Länderspiele gemacht hätte. Aber das konnte mich nicht mehr reizen. Ich war Weltmeister.

SP: Nach dem Titelgewinn aufzuhören, war ein klarer Entschluss von dir. Beschreib doch mal das Gefühl, das du gleich am nächsten Morgen hattest, als dir klar war, du hast das Ziel erreicht.

WO: Weltmeister zu sein war das, was ich mir immer gewünscht hatte. Bis dahin war es ein langer Weg gewesen. Ich war erst Zweiter, dann Dritter geworden, und ich wusste während all der Jahre, dass nur der erste Platz zählt. Dass es dann ausgerechnet nach dieser schweren Zeit vor der WM mit dem Titel geklappt hat, war ein unbeschreibliches Gefühl.

SP: Der Gedanke, in der Nationalmannschaft weiterzuspielen und es ein weiteres Mal zu versuchen, hat dich nicht gereizt?

WO: Ich hätte gespielt um des Spielens willen, selbst wenn ich Geld hätte mitbringen müssen. Doch für mich gab es nur dieses eine Ziel: Ich bin Fußballer und weiß, das Größte, was ich je erreichen kann, ist eine Weltmeisterschaft – daran teilzunehmen und möglicherweise die WM zu gewinnen. Ich habe immer alles dafür gegeben. Und dass nach der Vorgeschichte beim Turnier '74 alles so perfekt lief, war unvorstellbar. Ich wusste, jetzt ist im Grunde alles erreicht, mehr brauchst du in deinem Leben als Fußballer nicht.

SP: Der Titel 1974 war also das Ende eines Zyklus für dich. Das Ziel war erreicht.

WO: Ganz genau. Ich habe mir vor Augen geführt, wenn du Erster, Zweiter und Dritter geworden bist, mehr kannst du doch in deinem Leben nicht mehr erreichen. Und das wäre ja auch so gewesen. 1978 fand die WM in Argentinien statt, da sind wir als Gruppendritter ausgeschieden.

SP: Die Schmach von Córdoba. Und vermutlich hättest du viel von dem Glanz des vorher Erreichten verloren ...

WO: Genau.

SP: In Argentinien war Berti Vogts Kapitän, da hat er sich vermutlich keinen Gefallen mit getan.

WO: Franz war in Argentinien nicht dabei. Warum war der noch mal nicht mit?

SP: Der war in den USA bei New York Cosmos und hatte wohl keine Freigabe bekommen. **Aber um zu dir zurückzukommen: Deine Entscheidung erinnert mich an die von Philipp Lahm, der ja 2014 mit der deutschen Mannschaft Fußball-Weltmeister in Brasilien wurde, als Kapitän den Pokal hochstreckte und dann sagte, dass es jetzt gut sei. Als Fußballer stand er mit dreißig ja noch voll im Saft, hat dann aber bei der Nationalmannschaft aufgehört. Schlauer Zug von euch beiden.**

WO: Da waren wir als Weltmeister ja auch gleich alt.

SP: Ja, eben. *(schmunzelt)*

WO: Das beste Alter für einen Fußballer ist ohnehin mit 26 oder 27 Jahren, so alt wie ich in Mexiko war, da hast du die meiste Erfahrung und noch viel Kraft. Wenn du dann über die dreißig gehst, hört es mit der Kraft langsam auf, dann spielst du mehr aus deiner Erfahrung.

SP: Hör auf, wenn es am schönsten ist. Eine Lebensweisheit, in der viel Wahrheit steckt.

WO: Ich habe immer selbst bestimmt, wann ich aufhöre. Beim FC habe ich auch gesagt, so jetzt ist Feierabend. Peter Weiand (Präsident des 1. FC Köln, 1973 bis 1987) wollte 1977 meinen Vertrag um drei Jahre verlängern, da war ich schon 33. Der Peter

Weiand war ein absoluter Fan von mir. Als Hennes Weisweiler dann wieder nach Köln kam (1976/77) haben wir am Anfang die ersten fünf, sechs Spiele richtig schlecht gespielt. Wir standen nur hinten drin. Da rief mich Peter Weiand an und sagte, ich müsse wiederkommen. Doch ich habe ihm geantwortet: „Ich komm nicht mehr." Da hat er gesagt: „Du kommst jetzt!" Das musst du dir nur mal vorstellen, der Präsident hätte das hundertprozentig durchgesetzt, der hätte gesagt, der Overath macht jetzt weiter. Was wäre das für eine Situation gewesen für den großen Hennes Weisweiler? Für mich stand aber fest: Feierabend. In der Saison 1977/78 haben die Kölner mit Weisweiler ja sogar das Double geholt. Der FC hatte mit ihm einen überragenden Trainer, da geht überhaupt kein Weg dran vorbei, aber menschlich war das eine andere Geschichte.

SP: Du hast 1977 deine aktive Karriere beendet, weil Hennes Weisweiler gekommen ist. Er soll mal gesagt haben, die Zeit der langen Pässe sei vorbei, er brauche keine Spielmacher. Im Prinzip wollte er Räume schaffen für Heinz „Flocke" Flohe und Herbert Neumann. Wie hast du das erlebt? Ich meine, du bist Weltmeister, eine Ikone im Kölner Fußball, und dann kommt einer – du wirst mit Günter Netzer drüber gesprochen haben – und räumt dich so weg. Wie war das für dich?

WO: Irgendwann nach der WM rief mich Berti Vogts an und sagte: „Hör mal, der Weisweiler hat Stress unten in Barcelona mit Johann Cruyff, wäre der Hennes Weisweiler als Trainer was für euch?" – Ich hatte damals bei Weitem nicht den Einblick, den ich ein Jahr später bekommen sollte. Ich hätte sagen können: Den brauchen wir nicht. Und wenn ich das

Peter Weiand gesteckt hätte, wäre ich mir hundertprozentig sicher gewesen, er wäre als Trainer nicht zu uns gekommen. Aber ich sagte zu Berti Vogts: „Ich gebe das mal weiter." Peter Weiand ist dann zum Hennes Weisweiler gefahren, hat alles klargemacht und dann ging es los. Das erste Trainingslager war ganz nett, doch dann änderte sich die Situation, und irgendwann habe ich zu ihm gesagt: „Herr Weisweiler, ich habe hier viel erreicht, und das sind sicher meine letzten Jahre hier in Köln. Sollten wir irgendwie Stress miteinander kriegen oder wenn Sie mit mir unzufrieden sind, dann habe ich halt irgendwo eine Verletzung, und dann setze ich mal drei, vier Wochen aus."

SP: So war euer Verhältnis?

WO: So haben wir das miteinander geregelt. Mit ihm in Köln haben wir am Anfang gut gespielt, ein paar Spiele gewonnen, und anschließend wieder was verloren. Und dann ging es los. Der Jupp Müller vom Kölner Stadtanzeiger hat Weisweiler nach einer Niederlage mal interviewt und dessen Antwort hat mich getroffen. Er sagte: Das war ja wieder ein Scheiß, weil der Overath das und das nicht gemacht hat. – So oder so ähnlich hat es mir Jupp Müller natürlich sofort erzählt. Ich dachte nur, wie redet der denn über mich? Mir sagt er das nicht ins Gesicht und steckt dem Journalisten, der Overath war schuld? Da fing ich an zu überlegen und mir Gedanken zu machen. Irgendwann hat Hennes Weisweiler mal zu mir gesagt: „Spiel doch nur zu Hause in Köln, auswärts kann ein anderer für dich spielen." Ich merkte langsam, wo das Ganze hinführte und fing dann auch in dieser

Phase an, mich nicht mehr fair zu benehmen. Was dann so alles passierte, lassen wir das … Es war aber auch nicht nur Weisweilers Schuld.

SP: Wie kann man denn mit so einem Menschen wieder Frieden schließen? Ich frage jetzt mal den Christen Wolfgang Overath. Da geht's ja auch um so Themen wie Vergebung. Schließlich nahm er dir auch die Möglichkeit, am Ende deiner Karriere im Pokalfinale 1977 noch einen guten Schlusspunkt zu setzen. Das ist ja ein loses Ende, was da so rumliegt in deiner Karriere.

WO: Mit ihm hatte ich in jeglicher Beziehung abgeschlossen. In diesem Jahr ist viel bei mir passiert, vor allem innerlich.

SP: Seid ihr euch später noch mal begegnet?

WO: Ja, ich habe ihn ein, zwei Jahre überhaupt nicht gesprochen und dann haben wir irgendwo in einer Halle ein Spiel gemacht, da kam er an und hat mir die Hand gegeben. Wir haben uns gegrüßt, aber ich habe nie mehr den Kontakt zu ihm gesucht. Ich war später bei seiner Beerdigung und habe das alles für mich abgeschlossen. Und ich sage immer, wenn ich auf ihn angesprochen werde: Er war ein überragender Trainer, aber menschlich kamen wir nicht miteinander zurecht.

SP: Die Welt ist voller verschiedener Charaktere, und ihr habt scheinbar überhaupt nicht zusammengepasst. So was gibt es auch.

WO: Aber in einem Punkt war sich die Journalistenwelt einig: Hennes Weisweiler hatte ein Problem mit den sogenannten Köpfen einer Mannschaft. Das war sein Ziel, dass er sie einnordet, damit die Mannschaft eine Gruppe ist, die absolut gleich ist. Vielleicht verhält es sich heute noch ähnlich bei anderen Vereinen, dass eben vieles in einer Mannschaft angeglichen wird. Das kann ich nicht beurteilen, nur früher war das nicht so. Da gab es in jeder Mannschaft ein oder zwei Köpfe, die ein gewisses Auftreten hatten und sich auch geäußert haben.

SP: Und die das auch durch ihr Talent unterfüttert haben, denn das braucht es ja immer: Wer inhaltlich was sagen will, muss liefern, oder?

WO: Hennes Weisweiler hat sich die Größten rausgesucht. Und in Barcelona hat er zu Johan Cruyff gesagt, so geht das eben nicht. Cruyff war ein Spieler, der nichts beschönigte, ein überragender Fußballer. Jeder Trainer auf der Welt hätte ihn gerne gehabt, aber Hennes Weisweiler sah das scheinbar anders.

SP: Klingt nach alter Schulhofregel, du musst gegen den Stärksten ein Zeichen setzen.

WO: Das hat er bei mir und vorher bei Günter Netzer und letzten Endes bei Heinz Flohe auch gemacht. Er hatte einfach eine andere Vorstellung, das ist ja nichts Schlimmes, nur man muss anders mit ihr umgehen. Wenn man so denkt wie er, muss man es über einen anderen Weg hinkriegen, und zwar nicht über den, dass man sagt: Der ist zu stark, der muss weg, die müssen alle gleich sein. – Ich meine, das geht nicht!

SP: Wenn du jetzt nochmal die Uhr zurückdrehen und Ratschläge geben könntest als ein Mediator im Verhältnis zwischen Overath und Weisweiler, was würdest du sagen, wäre wohl das Richtige gewesen?

WO: Dass beide am besten gar nicht erst zusammengekommen wären.

FAMILIENMENSCH
ABSEITS DES RASENS

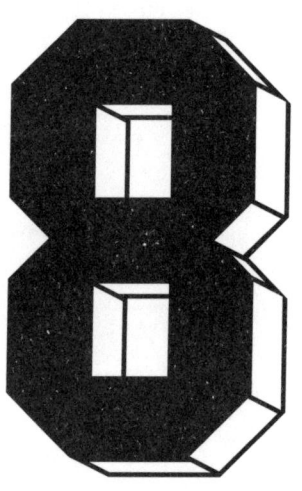

„Karin hat einen großen Anteil an dem Erfolg, den ich in meinem Leben hatte."

SP: Hinsichtlich des Titels „Alleine kannst du nicht gewinnen" haben wir über eine Person bisher nur am Rande gesprochen. Ich glaube, deiner Frau Karin sollte man schon einen großen Platz in diesem Buch einräumen. Wie habt ihr euch eigentlich kennengelernt?

WO: Als wir uns kennenlernten, da war ich noch gar nix.

SP: Noch ein Nobody?

WO: Null, da war ich noch gar nix.

SP: Das ist nicht viel, nix ist nicht viel!

WO: Ich habe mit 18 den Führerschein gemacht, weil ich ein Jahr beim FC gesperrt gewesen bin. Da kannte mich noch keiner, und dann haben wir uns irgendwo getroffen, ich weiß gar nicht mehr genau wo. Karin hatte keine Ahnung von Fußball. Aber irgendwann war ein kleines Bild von mir in der Zeitung und das hat sie ihrer Mutter gezeigt und gesagt: „Das ist er!" Und die Mutter hat nur gesagt: „Der sieht aus wie ein Boxer!" So hat das Ganze angefangen. Wir waren dann zwei oder drei Jahre zusammen, ehe wir uns verlobt haben.

SP: Die Mutter meinte, du seist ein Boxer? *(lacht)*

WO: Sie hatte auch keine Ahnung. Sie hatte nur das Bild in der Zeitung gesehen, Karins Vater war da schon ein bisschen besser informiert. Also, ich war eine Nullnummer, aus einer Familie mit acht Kindern und hatte nichts vorzuweisen. Karins Familie ging es ein bisschen besser, aber nicht viel. Im Nachhinein glaube ich, wenn ich mit 20 oder 21, als ich schon Nationalspieler war, eine Frau kennengelernt hätte, wäre ich anfangs ein bisschen kritischer gewesen. Ich hätte mich mehr gefragt: Ist sie die Richtige?

SP: Ach so, weil du Karin noch am Nullpunkt kennengelernt hast, warst du dir sicher, ihr geht es wirklich um dich, die mag dich wirklich! *(lacht)*

WO: Die hatte mit Fußball gar nichts am Hut. Sie ist mit ins Stadion gegangen und wusste auch gar nicht, in welcher Mannschaft ich war. Auch nicht, ob ich rechts oder links stand oder ob ich in Blau oder Weiß unterwegs war. Da kannst du dir vorstellen, wie viel Interesse die am Fußball hatte. Die hat mich erst mal zwanzig Minuten lang auf dem Platz gesucht. Sie dachte, vielleicht ist der ja auch Reserve, und hatte mich gar nicht gesehen. Darauf sagte ich dann nur zu ihr: „Ist aber auch nicht schlecht, wenn du mich nicht siehst."

SP: So nach dem Motto: Was machst du denn überhaupt da?

WO: Nein, im Ernst: Karin ist schon eine besondere Geschichte. Sie hat ihr Leben und sich selbst eingeordnet und hat diese

Rolle an meiner Seite angenommen. Sie hat sich nirgendwo nach vorne gedrängt, sie blieb immer im Hintergrund. Ich glaube, das war und ist gut so, sonst kann man das Leben mit so einem Fußballer wie mir, der ein bisschen bekannt ist, auch kaum aushalten. Wenn ich heute die Freundinnen oder „Spielerfrauen" von bekannten Fußballern sehe, dann haben die mit ihrem Auftreten eine andere Vorstellung, aber im Grunde genommen warst du früher als Partnerin das fünfte Rad am Wagen. Du hattest gar keine Chance, dich da irgendwo an der ganzen Geschichte zu beteiligen oder vorne mitzumischen. Das hätte Karin auch nie gemacht. Sie hat sich in erster Linie um mein Seelenheil gekümmert. Ich hatte und habe ein wunderbares Zuhause. In meinem ganzen Leben bin ich noch nie abends irgendwo in eine Kneipe gegangen, sodass ich zu ihr gesagt hätte: „Hör mal, ich gehe mal hinten an die Ecke und trinke ein Bier." – Das habe ich in meinem Leben nie gemacht. Ich war ja viel unterwegs, aber wenn ich zu Hause war, dann waren wir zwei zu Hause oder sind irgendwo hingegangen. Die hat mir immer den Rücken freigehalten, hat alles gemacht, was möglich war. Sie hat die drei Kinder im Grunde alleine großgezogen, weil ich ja auch in der Phase immer unterwegs gewesen bin. Also die Karin hat einen großen Anteil an dem Erfolg, den ich in meinem Leben hatte, und wie es uns als Familie heute geht.

SP: Was mir gerade aufgefallen ist, wenn du über sie sprichst, sagst du oft: „die". Das ist ja erst mal nur der Artikel, und da lässt sich ja alles ergänzen, also: die Chefin, ...

WO: Nein, sie ist keine Chefin. *(lacht)*

SP: ... die Mutter, die Liebe meines Lebens, ... Wer ist „die" Karin für dich?

WO: Die Frau, die wahrscheinlich zu hundert Prozent oder mehr zu mir gepasst hat und passt. Sie war früher ein unheimlich nettes Mädchen, und ihre große Stärke ist, dass sie mir immer den Rücken freigehalten hat, dass ich gerne nach Hause gekommen bin. Sie hat sich nie vorgedrängt. Sie hat nie die Öffentlichkeit gesucht. Wenn ich irgendwo eingeladen bin, dann muss ich sie bis zum heutigen Tag überreden: „Komm, geh mit!" Wir zwei sind jetzt 57 Jahre verheiratet. Dass sie es überhaupt mit so einem wie mir so lang aushält, das ist schon sensationell.

SP: Das ist schon lang, das kann man nicht anders sagen.

WO: Wie sie die Kinder großgezogen und sich gekümmert hat, das ist schon was Besonderes. Noch heute ruft der Sascha sie jeden Morgen um neun Uhr an. Er lebt als Künstler seit zwanzig Jahren in Düsseldorf, weil er da beim Maler und Bildhauer Markus Lüpertz studiert hat. Der ist da hängengeblieben und ist mit einer Portugiesin seit zwanzig oder mehr Jahren zusammen. Doch jeden Tag – er ist '71 geboren, das heißt gut über fünfzig – ruft der seine Mutter an. Die telefonieren manchmal eine halbe Stunde. Da frage ich meine Frau immer: „Was habt ihr euch eigentlich zu erzählen?" Darauf antwortet sie immer: „Alles."

SP: Die verbringen Zeit zusammen, Wolfgang, während du als Zehner durch dein Berufsleben dribbeln kannst, nicht wahr?

WO: Die beiden anderen Kinder wohnen etwa 100 Meter von uns entfernt, da habe ich vor etwa zehn Jahren ein Grundstück gekauft. Eigentlich hatte ich vor, das Grundstück als Renditeobjekt für mich zu betrachten: zwei schöne Einfamilienhäuser darauf zu bauen, das Ganze in einer Top-Wohnlage, keine Villen, aber sehr schöne Häuser und die dann vermieten. Ich habe also das Grundstück gekauft und dann sind Marco und Silvana zu mir gekommen und haben mich gefragt: „Können wir mal kurz miteinander sprechen?" – „Ja, klar." – „So und so", sagten die dann, „wir würden gerne bei euch in der Nähe wohnen bleiben und würden uns freuen, wenn du uns zwei Einfamilienhäuser nebeneinander bauen würdest."

SP: Was wurde denn dann aus deinem ursprünglichen Renditeplan?

WO: Da habe ich gesagt: „So habe ich mir das aber nicht vorgestellt. Ich wollte das bauen und vermieten." – „Ja, aber wir würden doch so gerne." – Da habe ich zu den beiden gesagt: „Ich überleg mir das." Die beiden waren gerade raus, da kam meine Frau, sie war nicht dabei gewesen, und fragte mich: „Was wollten die beiden denn?" Ich wusste genau, dass sie eingeweiht war. Und ich antwortete ihr: „Die kamen da mit so einer Idee, dass ich für jeden ein Haus baue." Und auf einmal wusste ich, was jetzt kam, die drei hatten das nämlich schon vorher alles miteinander abgekaspert. Da sagte meine Frau nur: „Hast du dir schon mal überlegt, ob es nicht schöner wäre, das Haus mit warmen Händen als mit kalten zu schenken?" Und da hab ich gesagt: „Ja, gut, machen wir."

SP: Schlau.

WO: Ich habe den beiden die Häuser da hingebaut, und sie wohnen jetzt bei uns in der Nähe. Jeden Tag kommt da einer bei der Mama vorbei. Und wenn der Marco abends nach Hause kommt, dann muss er für die Karin auch noch irgendwo hinfahren.

SP: La familia, so ist eben Familie.

WO: Ja, das ist schon toll!

SP: Was ich raushöre: Karin ist nie die Spielerfrau nach dem klassischen Klischee gewesen. Ich habe aber ein Foto von dir entdeckt, zusammen mit ihr. Da wart ihr mal in der Diskothek vom Günter Netzer, „Lover's Lane", in Mönchengladbach und mit ihm am Tresen. Ist so etwas bei euch eher die Ausnahme gewesen?

WO: Ich glaube, da war ich besoffen *(lacht)* ... oder der Lange hat mich dumm und dämlich gequatscht und gesagt: „Komm mal dahin!" Die Karin fühlte sich da auch unwohl, hat sie mir erst letztens noch mal gesagt, als sie zufällig das Bild gesehen hat. Sie sagte: „Da wäre ich am liebsten gar nicht hingegangen."

SP: Ist sie vom Typ eher schüchtern und zurückhaltend?

WO: Das war alles eher unangenehm für sie, wenn sie irgendwo mit hinmusste. Als wir die WM '66 in England gespielt ha-

144

ben, da war Karin 22 und wurde vom DFB angerufen, sie solle doch mit nach England kommen. Da hat sie Blut und Wasser geschwitzt vor lauter Angst. Sie ist dann da hingeflogen und auch alleine wieder zurück, hat alles mitgemacht, mit allem Drum und Dran. Sie war vorher noch nie in so einem Riesenstadion gewesen. Der Doktor Dröge, der frühere Herausgeber der „Fußballwoche" hat ihr da etwas geholfen. Sie hat aber nie zu mir gesagt: „Ich komm da hin!" Und 1970 hieß es dann: „Die Frauen können mit!"

SP: Nach Mexiko ist es ja ein sehr weiter Weg. Allein heute brauchst du so um die zwölf Stunden.

WO: Da sind viele Frauen hingeflogen.

SP: Ja, aber deine nicht, oder?

WO: Meine nicht, sie hat mich auch gar nicht darauf angesprochen. Hätte sie es getan, hätte ich vermutlich auch gesagt: „Bleib doch zu Hause." Sie hätte mich nur abgelenkt.

SP: *(lacht)* Kann ich mir bildlich vorstellen: „Karin, lass mich spielen."

WO: Aber 1974 in Deutschland war sie beim Finale gegen die Niederlande dabei. Da war sie schon fast 30 und ist mit dem ganzen Fußballzirkus etwas besser zurechtgekommen, aber sonst ist der einfach nicht ihre Welt. Das war vielleicht für unsere Beziehung so auch am besten. Ich finde das immer so schlimm, wenn man irgendwo hingeht und man muss jetzt mit der Frau erscheinen. Das muss doch ihr überlassen bleiben, und wenn du mit so einem Typen wie mir verheiratet bist – jeder kennt dich und jeder will mit dir reden und du stehst als Frau immer nur daneben –, das würde mir, wenn ich die Frau wäre, furchtbar auf den Geist gehen. Vielleicht ist ihr das auch so gegangen, und dann hat sie irgendwo für sich gesagt: Ne, da muss ich nicht mehr mitgehen.

SP: **Vermutlich war sie sogar froh, dass sie zum Abschiedsbankett der Fußballweltmeisterschaft 1974 im Münchner Hotel Hilton nicht eingeladen war.**

WO: Stimmt, für sie gab es keins, damit war das für sie erledigt.

SP: **Für sie schon, aber gab es damals in der Mannschaft nicht Knies, dass die Frauen nicht mit eingeladen waren?**

WO: Für mich war wichtig, dass wir Weltmeister geworden waren. Wir haben dann zusammen gegessen, die Frauen warteten an der Tür und dann habe ich mir meine geschnappt und wir sind ins Hotel. Ich hatte keinen Bock. – Der Herrgott hat es wahrscheinlich daher so gemacht, dass wir beide einfach gut zusammenpassen. Wenn ich zu Veranstaltungen gegangen bin – das habe ich nicht gerne gemacht, weil es auch nicht meine Welt ist – , dann war sie vielleicht von hundertmal zehnmal mit dabei, das war überhaupt nicht ihr Ding.

SP: **Wolfgang, wenn das hier Frauen von heute lesen, sagen die vielleicht: Um Gottes willen, was für ein Macho! Das gibt's nicht. – Bist du ein Macho?**

WO: Überhaupt nicht! Aber die Karin hat noch nie irgendwo gesagt, da müssen wir unbedingt hin, noch nie! Wenn sie mal wohin geht, dann geht sie immer mit mir oder zu ihren Freundinnen. Natürlich sind so private Verabredungen was anderes. Aber bei so offiziellen Veranstaltungen fragte sie mich vorher immer dreimal: „Muss ich denn da hin?" Da habe ich immer geantwortet: „Ja, wär doch schön, wenn du da wärst." Und damals, 1974 vor der WM in Deutschland, daran kann ich mich erinnern, hat sie sogar noch auf mich eingeredet. Sie hatte ja das alles mitgekriegt und Zeitung gelesen, welchen Druck es gab, und wie der Helmut Schön anrief und bei mir nachfragte, ob ich mitkomme. Da saß die Karin neben mir und hat gesagt: „Bleib doch zu Hause, du hast doch alles erreicht." Ihr wäre dreimal lieber gewesen, ich wäre zu Hause geblieben. *(schmunzelt)*

SP: Ach, wie? Du hättest wegen ihr 1974 gar nicht spielen sollen? Hat sie tatsächlich gesagt: Junge, bleib doch zu Hause? *(lacht)*

WO: Ja, das war ihre Meinung.

SP: Nach dem Motto: Du kannst doch hier im Forst ein bisschen joggen gehen, und abends gucken wir die Spiele im Fernsehen. *(lacht)*

WO: Sie hatte ja mitbekommen, wie unsicher ich war und dass ich zu der Zeit schlecht gespielt habe. Und als ich dann dem Bundestrainer sagte, dass ich es noch nicht genau wüsste, ob ich mitkomme, hat sie gesagt: „Bleib doch hier! Du bist doch

Zweiter geworden und Dritter!" – Ihr war es immer lieber, wenn ich zu Hause war, immer!

SP: Weißt du, was das Coole daran ist? Es erinnert mich ehrlich gesagt an meine Frau, die mit dem ganzen Fußballzirkus, in dem ich stecke, überhaupt nichts am Hut hat. Sie schreibt Schulbücher und kann sich über alles Mögliche mit mir unterhalten, aber Fußball?

WO: Ich behaupte mal, die Karin hat noch nie ein Spiel in voller Länge gesehen. Wenn sie im Stadion war, hat sie sich eher mit anderen Frauen unterhalten. Und wenn ein Spiel im Fernsehen läuft und ich sage: „Ich guck mir das jetzt an", dann schaut sie unten im Fernsehen was anderes. Das interessiert sie überhaupt nicht, mit mir vor der Kiste Fußball zu gucken.

SP: Nun seid ihr zwei schon sehr lange verheiratet, 57 Jahre. Manch einer wird sich fragen: Mensch, über fünf Jahrzehnte miteinander verheiratet, und dann schwärmt der Overath so von seiner Familie und ist so zufrieden in seinem Alter. Gibt es auch etwas, das du an deiner Frau nicht hättest ausstehen können?

WO: Wenn sie mir zum Beispiel von morgens bis abends etwas erzählt hätte, was sie besser weiß als ich. Mit ihren Sorgen und Krankheiten oder wenn es um Geld geht, kann sie immer zu mir kommen. Aber ich könnte keinen Menschen ertragen, der ständig wissen will: „Wo bist du morgen Abend?" – Das würde mich nerven ohne Ende. Sie will es Gott sei Dank auch nicht wissen.

SP: Ist die Unterschiedlichkeit eurer Charaktere vielleicht auch ein Rezept für eine funktionierende Beziehung?

WO: Es gibt ja diesen Spruch, Gegensätze ziehen sich an. Das kann gut sein, kann ich aber fachlich nicht beurteilen. In vielen Dingen haben wir natürlich auch unsere Übereinstimmungen und Rollen gefunden. Sie hat ihre erkannt, die sie in unserer Beziehung ausfüllt, und ich habe meine. Als ich angefangen habe zu bauen, da war ich 19. Dann haben wir geheiratet und in Siegburg gab es so ein Grundstück, das war nicht schlecht, allerdings auch nicht besonders gut. Da lag Abfall und anderes drauf herum. Und ich habe sie ja nie gefragt: „Hör mal, soll ich das kaufen?" Ich habe es immer gemacht, sie hatte ja keine Vorstellung davon. Ein paar Tage später aber fragte sie mich: „Da hinten das Grundstück, von dem du mir erzählt hast, du würdest es kaufen, was ist damit?" – „Hab ich gekauft." Da sagte sie: „Bist du denn verrückt? So ein dreckiges Grundstück." Da habe ich nur geantwortet: „Karin, ich habe mich entschieden, das Grundstück zu kaufen." Damit war das Thema Grundstücke und Immobilien bei uns erledigt.

SP: Das heißt, jeder hat seine Bereiche und eure große Schnittmenge ist die Familie und das Heim.

WO: Aber ich muss auch zugeben, ich vergesse viele Dinge. Auch die, auf die ich keine Lust hatte. Sie erzählt mir dann schon mal: Weißt du noch, vor 30 Jahren … Aber ganz wichtige Dinge, die vergesse ich natürlich nicht. Ich weiß noch ganz genau, wie ich mit 12 oder 13 Jahren ins Wembley-Stadion mit 100.000 Zuschauern eingelaufen bin. Oder die WM 1974 nach dem Finale. Oder wie mein Vater gestorben ist, das ist dreißig Jahre her. Wie ich da nachts ins Zimmer gegangen bin und noch nie zuvor einen toten Menschen gesehen habe. Es gibt Situationen, die vergisst du einfach nicht.

SP: Einen Menschen sterben zu sehen, das bekommen viele gar nicht mit. Wie war das für dich, deinen toten Vater zu sehen?

WO: Ich hatte noch nie zuvor jemanden sterben oder tot gesehen. Bei meinem Vater hatte ich nicht die Kraft, da lange stehen zu bleiben. Später, bei der Mutter meiner Frau, war das anders. Sie hatte Krebs und ist mit ihren 84 Jahren langsam daran gestorben. Die Eltern meiner Frau wohnten damals bei uns mit im Haus. Wir hatten zuerst zehn Jahre bei ihnen gewohnt, ehe wir sie zu uns ins Haus geholt haben, wir hatten oben noch eine Wohnung mit 70 oder 80 Quadratmetern. Als es für meine Schiegermutter dem Ende entgegenging, war die ganze Nacht über jemand bei ihr. Ich hatte etwas geschlafen, als irgendwann die Betreuung runterkam und sagte: „Es ist so weit!" Da bin ich auch nach oben gegangen und habe die letzten drei Minuten ihres Lebens miterlebt. Doch etwas Merkwürdiges passierte da: Die ganze Angst, die ich vor dem Tod hatte, die war plötzlich weg. Auf einmal habe ich das alles ganz anders empfunden. Das klingt jetzt merkwürdig, aber es war irgendwie faszinierend mitzuerleben, wie sie zuerst ganz schnell geatmet hat und dann ihr Atem immer langsamer, weniger und flacher wurde, bis sie gestorben ist. Ich bin dann noch eine Zeitlang bei ihr geblieben, was ich bei meinem Vater nicht geschafft habe.

SP: Was hat sich da geändert?

WO: Ich habe es zwanzig Jahre lang vermieden, irgendwohin zu gehen, wenn jemand im Sterben lag. Ich dachte immer, das muss grausam sein. Mit dem Tod der Schwiegermutter hat sich das verändert – irgendwie wunderbar. Auch die Vorstellung, einmal sterben zu müssen – das müssen wir ja schließlich alle irgendwann mal. Das ist doch das Natürlichste und gehört zum Leben dazu. Ich glaube, wenn heute einer sterben würde, der mir nahesteht, könnte ich viel länger bei der Person bleiben.

SP: Hilft dir dein Glaube dabei, das so zu sehen?

WO: Ich habe dir ja erzählt, dass ich an „den da oben" glaube. Wenn man glauben kann, hilft der Glaube einem sehr dabei, mit dem Sterben zurechtzukommen. Du gehst ja dann davon aus und sagst dir: Vielleicht kommt da oben noch was. Allein deswegen glaube ich schon. Aber es muss nicht mein Glaube sein. Einen Glauben haben auch andere, zum Beispiel Muslime und Menschen, die noch ein Ziel vor Augen haben. Es ist wichtig, dass Menschen einen Glauben haben. Deswegen denke ich auch, wenn die Religion immer mehr an Wert verliert – so wie in Deutschland, wo viele Leute aus der Kirche austreten –, wird die Moral der Menschen sich auch immer weiter verschlechtern und verändern, da sie keinen Bezugspunkt mehr haben. Ich werde ja nicht mehr lange dabei sein, doch ich glaube an „den da oben" und vielleicht gibt es da oben irgendetwas. So denke ich, und das hilft mir hier und heute, zum Beispiel in meinem Verhalten gegenüber Menschen, die ich schlecht behandelt habe. Doch wenn es immer weniger Moral oder Glauben gibt, werden immer mehr Menschen in die Situation kommen, dass sie sagen: Ist mir doch egal, was hier so alles passiert. Und wenn morgen hier Feierabend ist, ist eben für alle Feierabend. Das kann eine verheerende Wirkung auf die Gesamtsituation haben. Und ich glaube, Ansätze dieser Entwicklung sieht man jetzt schon häufiger. Denn wie kann ein Mensch einen anderen mit einem Messer umbringen, ein elfjähriger Junge ein zwölfjähriges Mädchen töten oder ein Mädchen ein anderes Mädchen mit dem Messer im Wald umbringen? – Ist da noch etwas von dem da, dass man an „den da oben" glauben kann? Denen ist ja das Leben eines anderen Menschen egal.

SP: Du meinst, der Glaube gibt dem Leben Halt und Orientierung?

WO: Ja, absolut, aber letztlich weiß ja keiner, wie es wirklich ist, deshalb ist es ja auch ein Glaube.

SP: Meine Oma sagte da immer: Ich würde mal gerne hinter den Vorhang gucken.

WO: *(lacht)*

SP: Das hat man früher so gesagt, um auszudrücken, man weiß ja einfach nicht, was danach kommt.

WO: Die Mutter von der Karin hat mir ein paarmal erzählt, es gibt auch Menschen, die im Sterben lachen und sich freuen, dass es da oben weitergeht. Bei einem Bruder von ihr soll das so gewesen sein. Der ist nicht irgendwo zusammengebrochen, sondern langsam gestorben, vorbereitet. Und er war voller Hoffnung.

SP: Ich habe meinen Zivildienst und ein Praktikum im Krankenhaus gemacht und das gesehen, dass es tatsächlich dieses letzte Aufbäumen im Leben gibt.

WO: Dass man sich dagegen wehrt?

SP: Da wurde einmal eine Frau eingeliefert und es wurde gleich gesagt, sie sei „präfinal", also kurz davor zu sterben. Ich stand mit in dem Schockraum. Sie hat sich dann mit weit aufgerissenen Augen noch einmal aufgebäumt, hingesetzt und wieder hingelegt – dann wich das Leben aus ihrem Körper und sie war tot.

WO: Ich glaube, dass es schon noch mal am Ende einen Kampf gibt.

SP: Wolfgang, wir werden dann alles geben.

WO: Wenn ich oben bin, Sven, sage ich dir Bescheid, wie es ist. Dann rufe ich dich an. Ich sehe dann ja von oben alles besser. Dann melde ich mich und rufe: „Jung, mach kein Scheiß!"
(beide lachen)

SP: Über ein großes Familienglück möchte ich mit dir noch sprechen, eure brasilianische Adoptivtochter Silvana.

Ihr hattet da ja schon eure Söhne, Marco und Sascha. War mit den beiden die Familienplanung nicht abgeschlossen?

WO: Karin wollte nicht mehr. Ich hätte gesagt: Komm, wir waren in unserer Familie acht Kinder zu Hause. Warum nicht?

SP: Ich war mal in der ähnlichen Situation, bei uns ist es bei zweien geblieben und es ist gut so.

WO: Die beiden Jungs sind drei Jahre auseinander, das passte alles ganz gut. Doch dann haben wir Anfang der 90er-Jahre irgendwo im Fernsehen einen Bericht gesehen. Da waren Marco und Sascha Anfang zwanzig und fast schon aus dem Haus. Der eine wohnte noch bei uns, der andere war wegen seines Kunststudiums in Düsseldorf. Der Bericht ging über brasilianische Straßenkinder, und es war grausam, am Bildschirm mitzuerleben, was die Kinder mitmachen mussten. Irgendwann hat die Karin dann gesagt: „Mensch, so ein Kind könnte man doch noch aufnehmen." Ihre erste Reaktion war für mich unheimlich wichtig, denn hätte ich damit angefangen, hätte sie vielleicht nachher immer das Gefühl gehabt, ich setze sie unter Druck, und das wollte ich nicht. Jedenfalls habe ich dann geantwortet: „Wenn du das willst, jederzeit!" Und darauf sie: „Am liebsten ein Mädchen, ne? Wir haben ja zwei Jungs."

SP: Endlich mal was in Rosa kaufen.

WO: Ich versprach ihr, mich drum zu kümmern. Zu der Zeit hatte ich schon einen engen Kontakt zu Pelé und habe mit ihm darüber gesprochen. Wir haben dann in Brasilien so ein internationales Alt-Herren-Turnier gespielt und bei der Gelegenheit habe ich den deutschen Botschafter in Brasilien kennengelernt und dieser wiederum hatte einen Kontakt zu der Sekretärin und Leiterin des persönlichen Büros von Bundeskanzler Kohl, Juliane Weber. Die habe ich angerufen und dann kam die ganze Sache ins Rollen. Aber da Karin und ich schon über 50 waren, war das Ganze nicht so einfach.

SP: Ob du in dem Alter noch ein Kind als Adoptiveltern annehmen darfst?

WO: Genau, aber es hat geklappt und anschließend wurden uns immer wieder Kinder zur Adoption angeboten.

SP: Angeboten? Wie muss man sich das vorstellen?

WO: Wir durften uns schon ein Kind aussuchen. Aus Brasilien rief uns immer der Pastor aus São Paulo an, wenn ein Kind zur Adoption freigegeben war. Was uns wichtig war, wir wollten kein Kind aufnehmen, dass schon drei, vier oder fünf Jahre alt war und in diesem Milieu großgeworden ist. Am liebsten war uns ein gerade geborenes Kind. Wir haben dann eine Zeit lang gewartet. Und irgendwann, das vergesse ich nie, rief der Pastor wieder an und sagte, sie hätten ein Mädchen, das gerade zehn Tage alt ist. Und er hatte den Eindruck, dass wir die Richtigen für das Mädchen seien. Wir haben nicht weiter nachgefragt, ob die Kleine jetzt weiß oder schwarz sei. Das war uns völlig egal. Wir sagten nur: „Wir kommen!" Dann sind wir zwei nach Brasilien geflogen und haben den kleinen Wurm vor uns gesehen, mit Tränen in den Augen.

SP: Das war also ganz emotional für euch.

WO: Sehr! Wenn du erst wartest und kriegst dann plötzlich so ein Kind … So ein Erlebnis kann man kaum in Worten beschreiben, das muss man einfach erlebt haben.

SP: Wo wart ihr da untergebracht?

WO: In einem Jugendheim, das war ganz einfach eingerichtet, nicht im Hotel. Eigentlich hätten wir noch drei oder vier Wochen in Brasilien bleiben müssen, die von der Adoptionsstelle wollten, dass du noch eine gewisse Zeit im Land bleibst, doch nach zehn Tagen erteilte der Pastor bereits die Freigabe und sagte: „Ihr könnt fahren, nehmt das Kind mit."

SP: Und wie haben eure Jungs auf die Kleine reagiert?

WO: Wir kamen nach Hause und die beiden waren sofort mit der Kleinen ein Herz und eine Seele. Und dann ist sie hier bei uns aufgewachsen. Allein darüber, die ganzen Umstände damals und das Leben von Silvana, könnte man ein Buch schreiben, was da alles passiert ist. Die Schwester, die sich in Brasilien um sie gekümmert hatte, die haben wir später, als Silvana etwas älter war, einfliegen lassen und haben anschließend den Kontakt gehalten. Und als Silvana 18 war, bin ich mit den beiden Jungs, mit ihr und ihrem Freund nach Brasilien geflogen und wir haben uns eine Woche lang alles zusammen angeschaut. Ich glaube, das war eine ganz, ganz wichtige Reise für sie, denn vor ihrem 18. Geburtstag hat sie ein paarmal zu Karin gesagt, sie würde schon gerne wissen, wer ihre Mutter ist.

Wir konnten ihr da nicht weiterhelfen, das wussten wir auch nicht. Die Mutter soll wohl das Kind damals nur abgegeben und sich direkt verabschiedet haben.

SP: Wie bei einer Babyklappe?

WO: Ja, sie hat das Kind zur Welt gebracht und es sofort zur Adoption freigegeben. Sie soll wohl irgendwo in einem Haushalt beschäftigt gewesen sein, und da ist es wohl passiert. Vielleicht durfte es keiner wissen, dass sie ein Kind bekommen würde. Jedenfalls seit dieser Reise, seit ihrem 18. Geburtstag – Silvana ist heute Anfang 30 – und seit dem Tag, an dem wir wieder zurück in Deutschland waren, hat sie nie mehr nach der Mutter gefragt. Nie mehr, kein einziges Mal.

SP: Sie weiß nicht, wer ihre leibliche Mutter ist, das konnte nicht nachverfolgt werden, aber sie hat zumindest ihren brasilianischen Wurzeln nachgespürt.

WO: Als Karin sie mal darauf aufmerksam machte, sie müsse ja ihren brasilianischen Pass verlängern, sagte Silvana: „Nein." Und ich fragte sie: „Warum nicht?" – „Ich bin Deutsche. Ich will keinen."

SP: Das ist schon eine sehr interessante Geschichte.

WO: Silvana und Karin, die haben sich so was von gern, das kann man sich gar nicht vorstellen! Manchmal denke ich, da ist wirklich kaum ein Unterschied. Man denkt, das Kind ist von ihr, die Kleine sieht der Mutter so ähnlich. Sie ist ein wahnsinnig feiner Mensch und FC-verrückt mit ganzem Herzen. Das ist schon toll so. *(schmunzelt)*

SP: Für eure Ehe war die Adoption wahrscheinlich auch noch mal ein richtig großer Schritt, oder? Mit fünfzig ist ein Baby ja was ganz anderes als mit Mitte zwanzig.

WO: Wir wollten das ja beide, von daher waren wir uns der Sache sehr bewusst.

SP: Aber eure Familie wurde ja größer. Wie seid ihr damit umgegangen?

WO: Wir haben alle zusammengehalten und einander geholfen. Wir hatten auch immer Hilfen im Haushalt, das funktionierte schon alles. Anfangs dachte ich, dass das schon ein anderes Gefühl sei bei einem adoptierten Kind. Ich war dann mal bei meinem Sohn Sascha in Bonn und wir sprachen darüber miteinander bei einem Essen. Ich habe ihn gefragt, wie wir das jetzt mit der Kleinen machen. Seine Antwort war glasklar. „Da gibt es keine Unterschiede, sie ist jetzt eine von uns, mit allem, was dazugehört."

SP: Starke Aussage. Toll!

WO: Absolut.

SP: Das heißt, du fühltest dich von da an wie ein Vater von drei Kindern?

WO: Da war mir das klar.

SP: Hat dein Sohn großartig gemacht, finde ich.

WO: Hat er, das stimmt.

SP: Muss gute Eltern haben. *(schmunzelt)* Chapeau!

PRÄSIDENTSCHAFT

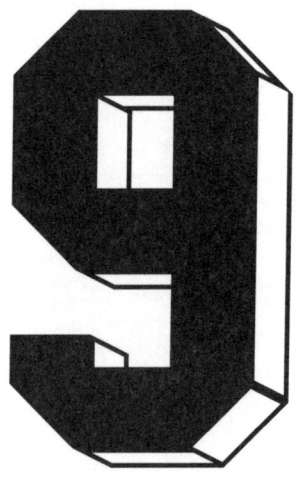

„Irgendwie ist der FC ja immer mein Verein gewesen und auch geblieben."

SP: Dein Leben ist mit dem 1. FC Köln verbunden. Als Spieler hast du 765 Spiele für den FC gemacht, 409 davon in der Bundesliga. 2004 bist du dann im Verein auf eine Position gerückt, die du selbst zuerst gar nicht so auf dem Schirm hattest. Wie kam es dazu, dass du Präsident wurdest?

WO: Der alte Alfred Neven DuMont hat mich damals damit verrückt gemacht. Zuerst habe ich ihm gesagt, dass ich das nicht machen werde. Die Silvana war zu der Zeit noch klein, ich wollte mich um sie kümmern und habe die Anfrage zunächst immer wieder abgewendet.

SP: Man muss kurz erklären, Alfred Neven DuMont war ein mächtiger Verleger im Rheinland mit dem Kölner Stadt-Anzeiger und Express. Er besaß riesige Liegenschaften und war ein sehr einflussreicher Mann. Wie ging es dann weiter?

WO: Ich war ziemlich oft mit ihm zusammen und er hat nicht lockergelassen. Nach einer gewissen Zeit hat er einen offenen Brief, ich glaube im Express, über eine ganze Seite oder sogar zwei Seiten veröffentlicht und einen ziemlichen Druck aufgebaut. Dann habe ich mit ihm wieder geredet und mich überreden lassen zu etwas, das ich eigentlich jahrelang abgelehnt hatte. Wie das eben so ist, wenn einer hartnäckig bleibt, und das waren ja viele Leute, die mich des Öfteren darauf angesprochen haben. Zu der Zeit war Albert Caspers Präsident, der war Chef der Kölner Ford-Werke, und als der Druck immer größer wurde, hat auch er gesagt: „Komm, mach du es!" Und dann habe ich gesagt: „Okay, ich mach das!" Ich wollte kein Geld dafür und habe auch nie Geld genommen, stattdessen habe ich viele andere Dinge zurückgestellt.

SP: Als du anfingst, war die Situation des Vereins alles andere als rosig. Köln hatte 12 Millionen Schulden. Das war kein leichter Einstand.

WO: Los ging es in der zweiten Liga, und mit den Schulden waren wir relativ unbeweglich. Als ich angefangen habe, war das für die Region natürlich das, was eben alle haben wollten. Die haben gedacht, wenn der Overath jetzt kommt, dann geht alles.

SP: Vermutlich dachte der ein oder andere an dein Talent als Spielmacher, mit dem du jetzt als Präsident im Verein richtig loslegen solltest. Behielten die Leute recht?

WO: In der Zeit ist Gewaltiges in Köln passiert. Nur nachher wurde das nicht mehr als so bedeutend gesehen. Wir hatten ja das neue Rheinenergie-Stadion und auch viele Zuschauer in den Partien gegen Schalke, Dortmund, München und Hamburg. Bei allen anderen Spielen hatten wir allerdings gerade mal 5.000, 8.000 oder 10.000 Stadiongäste. Vom Ansehen und Image war es um den FC nicht gut bestellt. Doch das sind wir damals angegangen und hatten innerhalb von zwei, drei

Monaten alle Dauerkarten weg, wir hatten jedes Spiel ausverkauft und gute Werbemöglichkeiten. Also, das war schon ein echter Turnaround: Wir hatten im Verein, glaube ich, 10.000 oder 12.000 Mitglieder, innerhalb von einem Jahr dann aber 55.000. Es entwickelte sich vieles positiv!

SP: Und die Mannschaft?

WO: Wir haben sofort im ersten Jahr den Wiederaufstieg geschafft, mit Huub Stevens als Trainer. Ich bin damals zu ihm nach Hause gefahren und habe gesagt: „Komm, du musst das machen." Hat er dann auch gemacht, allerdings nur für ein Jahr. Dann hat er zur Mannschaft gesagt, dass er aufhört. Ich habe heute noch ein gutes Verhältnis zu ihm. Das war eine gute und auch erfolgreiche Zusammenarbeit, aber dann hatten wir keinen Trainer mehr.

SP: Die Euphorie hielt nicht lange, 2006 ist Köln wieder abgestiegen. Da war viel Unruhe drin. Hat sich das auch für dich bemerkbar gemacht?

WO: Na ja, am Anfang meiner Präsidentschaft war ja alles okay, weil wir da noch alle zusammengehalten haben. Und so nach drei oder vier Jahren merktest du plötzlich, dass es gewissen Leuten nicht mehr passte, dass das Gefühl bleibt, der Overath macht hier alles. Plötzlich ging es dann los ... Es kamen Dinge an die Öffentlichkeit, die nur aus einem gewissen Kreis kommen konnten, und dann wurde mir das immer unangenehmer, mich mit denen herumärgern zu müssen. Woher kommt das und das, fragte ich mich. Und da entstanden bei mir das Gefühl und der Gedanke, da wollen welche wieder an die Macht, obwohl sie die Macht hatten. Im Club war genug Macht für alle da, aber die Macht wurde nach außen nur noch einseitig dargestellt, nach dem Motto: Der Overath sagt das, der bestimmt das, der holt den Spieler. Doch solche Entscheidungen habe ich immer mit denen besprochen.

SP: Das Bild von dir wurde in der Zeit so gezeichnet?

WO: Die Entwicklung war so. Ich habe jedenfalls immer mehr die Lust verloren und habe mir gedacht, das musst du dir nicht antun. Und dann, Ende der Hinrunde 2011 – wir haben in Bremen 2:0 geführt, dann aber noch 2:3 verloren, wir standen, glaube ich, auf dem 10. Platz –, da wusste ich, das ist das letzte Spiel mit mir als Präsident. Da bin ich in der Jahreshauptversammlung im November hingegangen und hab einfach gesagt: Schluss!

SP: Damals bist du ohne Vorwarnung zurückgetreten. So einfach geht man aber im Fußball meist nicht auseinander. Wie ging es da weiter?

WO: Es gab dann ein paar Leute, die plötzlich über mich auch in der Öffentlichkeit herfielen, die gesagt haben, ich hätte den Verein verschuldet. Dabei hatte man mir von den Bilanzen her schriftlich mitgeteilt, dass wir den Club, so wie wir ihn 2004 mit 12 Millionen Schulden übernommen hatten, auch wieder zurückgegeben haben. Es war uns zwar nicht gelungen, die Miesen abzubauen, wir haben aber auch keine dazu gemacht. Außerdem gab es einige, die dann furchtbar zugeschlagen haben, da sind ja dann Dinge passiert, die waren grausam.

Man hat den Trainer in die Wüste geschickt, dann den Volker Finke, dann wieder den Trainer, man hat ohne Ende Geld zum Fenster rausgeschmissen. Aber das alles soll dann auf einmal meine Angelegenheit gewesen sein, der Overath soll an all dem schuld gewesen sein. So eine Botschaft lässt sich ja gut verkaufen – und all das hat mich in der Zeit schon vom Club sehr entfernt, weil das einfach unredlich war. Natürlich haben ich und der Vorstand Fehler gemacht, aber was effektiv in der Phase der Präsidentschaft entstanden ist, war nichts mehr wert. Wie ich angefangen habe, was da für eine Euphorie entstanden war, dass man seitdem nie mehr in einem leeren oder halbleeren Stadion gespielt hat und all diese Dinge, die waren auf einmal weg.

SP: Wie bist du damit für dich als Kölner Club-Legende umgegangen?

WO: Ich war Gott sei Dank froh, dass ich diesen Druck nicht mehr hatte. Und ich war sehr enttäuscht, ich bin dann auch ein, zwei Jahre gar nicht mehr zum FC hingegangen. Doch dann kam mein Nachfolger, Werner Spinner, auf mich zu. Er hat mir das Gespräch angeboten und mir immer wieder gesagt: „Kommen Sie …" Und ich dachte dann: Irgendwie ist der FC immer mein Verein gewesen und auch geblieben. – Von da an bin ich wieder hingegangen.

SP: Aber man merkt, da klingen Verletzungen durch. Du hast eben gesagt, du hast den Verein mit 12 Millionen Schulden übernommen und mit 12 Millionen Schulden wieder abgegeben. Du bist ein erfolgreicher Geschäftsmann, du hast mit

Häusern ein Vermögen gemacht, wurmt dich das, dass du den FC in der Zeit nicht weiter nach vorne gebracht hast?

WO: Ich weiß nicht, ob wir überhaupt in der Lage gewesen wären, weiter nach vorne zu kommen, so wie wir es gerne gehabt hätten. Es wäre nur möglich gewesen, langsam nach vorne zu kommen. Immerhin haben wir zu der Zeit auch mal konstant vier Jahre in der ersten Liga gespielt. Aber da die Situation im Club sich nach drei oder vier Jahren so veränderte, dass ich das Gefühl hatte, ne, das musst du dir nicht antun, war für mich dieser Schritt gekommen. Natürlich wäre es mir lieber gewesen, wir wären Deutscher Meister geworden, aber das war ja damals nicht möglich. Andere Mannschaften wie Gladbach und Bayern waren finanziell viel stärker als wir. Nur, letztlich entscheidend war für mich das Verhalten von einigen Leuten im Club.

SP: Du bist 2004 angetreten und hattest einen Vierjahresplan. Du hast gesagt, wir müssen jetzt erst mal sehen, dass wir in die erste Liga kommen und dann wollen wir wieder nach Europa. Wenn man die Latte so hoch legt, wird man natürlich auch daran gemessen, oder?

WO: Moment mal, ich habe nicht gesagt, dass wir im europäischen Fußball mitspielen sollen, sondern wir müssen langsam versuchen, mehr zu unternehmen, um nach vorne zu kommen. Ob ich gesagt habe in vier Jahren, weiß ich nicht, ich habe nur eins klar gesagt: Wir fangen an, wir müssen jetzt in die erste Liga und dann weitersehen. Ich habe aber immer betont: langsam. Ich weiß ja, wie schnell es mit der Euphorie in Köln nach oben geht.

SP: In dem Profigeschäft steckt viel Druck, auch in der Kommunikation. Potenziert so eine Erwartungshaltung, wie sie in Köln hinzugekommen ist, das Ganze noch mal?

WO: Ich will mich da nicht irgendwo rausreden, aber wir haben mit Sicherheit eine Menge dazu beigetragen, aus dem FC einen neuen FC zu machen, indem wir das Stadion voll gemacht haben und die Leute auch eine ganz andere Verbindung zum Verein bekamen. Noch mal, Sven, wir haben damals aus 12.000 innerhalb von zwölf Monaten 55.000 Mitglieder gemacht. Daran kannst du erkennen, was zu dieser Zeit beim FC passierte, aber was nachher abgegangen ist in Sachen Druck, das wollte ich nicht.

SP: Nach deiner Zeit gab es eine Satzungsänderung, und großes Thema im Fußball ist die Mitglieder-Mitbestimmung. Da gibt es ja Vereine wie den 1. FC, der hat seinen Mitgliederbeirat, der dann bei Präsidiumswahlen ein Vorschlagsrecht hat. Da gibt es auch den Hamburger Sportverein, der damit zu kämpfen hat. Aber so sind eben Mitgliedervereine. Wie siehst du solche Konstrukte, glaubst du, damit ist eine erfolgreiche Zukunft machbar? Ich meine, der 1. FC ist ja in guten Gewässern zurzeit.

WO: Was verstehst du darunter?

SP: Sportlich ist er auf einem guten Kurs, auch was die Mitgliederzahlen und die Unterstützung angeht. Die Frage ist, wie wetterfest ist so ein Konstrukt, wenn es mal nicht so läuft?

WO: Es ist doch wunderbar, dass man so viele Mitglieder hat, von denen 90 Prozent oder noch mehr mit Leib und Seele dabei sind. Aber in jedem Verein gibt es auch eine kleine Gruppe, die mehr Macht haben will.

SP: Freud und Leid bei großen Mitgliedervereinen. Wolfgang, das ist ein sehr aktuelles Thema im deutschen Fußball.

WO: Mich interessiert da deine Meinung.

SP: Ich glaube auch, dass es gut ist, wenn der Verein noch die Mehrheit hält und das Sagen hat, das halte ich für sehr wichtig. Und ich finde, das ist auch eine DNA der Deutschen Fußball-Bundesliga. Wenn ich jetzt sehe, was in England los ist, wo Clubs hin- und hergereicht werden. In Amerika hat das eine andere Tradition, da ziehen ja sogar American-Football-Vereine aus Städten in andere Städte um. Ich war als Austauschschüler in St. Louis, Missouri, da waren die St. Louis Rams. Die holen den Superbowl, aber dann haben sie in St. Louis die Zelte abgebrochen und sind als Team nach Los Angeles gezogen und jetzt heißen sie „Los Angeles Rams". So etwas kannst du ja nicht mit Fußballvereinen machen, du kannst ja nicht den FC umtopfen und sagen, ab sofort machen wir das Ganze in Leipzig. Das geht nicht. Deswegen halte ich es für eine große Herausforderung, in diesem Umfeld wettbewerbsfähig zu bleiben, und da fehlt mir die Fantasie bei dem, was die FIFA macht und wohin es im Weltsport geht, auch rein vom Geld her. Auch was in England oder Paris passiert, da fehlt mir die Fantasie. Wie so ein Konstrukt wettbewerbsfähig bleiben kann, das weiß ich nicht.

WO: Wenn man es so belässt wie bisher, dann wird in Deutschland nur Bayern München international mitmischen können und vielleicht noch die nachfolgenden Vereine: Dortmund, aber auch Wolfsburg, Bayer Leverkusen, Leipzig und Hoffenheim, also Vereine, in denen Firmen drinstecken. Der Abstand zu vielen klassischen Fußballvereinen wird immer größer. Wie will zum Beispiel Darmstadt 98 in der ersten Liga dauerhaft mithalten?

SP: Da stellt sich die Grundsatzfrage, auch nach der Gerechtigkeit in der Bundesliga. Mein Problem, das ich habe, ist mit der Lizenzierung von Vereinen wie Wolfsburg, Leverkusen, Hoffenheim oder auch Leipzig, dass du damit einen Wettbewerb im Wettbewerb schaffst, denn du schaffst neue Ungerechtigkeiten. Diese Vereine, zum Beispiel Hoffenheim, die werden ja immer so viel Geld haben, dass sie, selbst wenn sie schlechte Jahre hinlegen, aller Wahrscheinlichkeit nach nicht absteigen werden. Beispiel Wolfsburg, die haben schon im Abstiegskampf gesteckt. – Man fragt sich, wie ist das möglich mit so viel Geld? Ich glaube, es gibt eine natürliche Größe von Vereinen, und sie werden mit diesem zusätzlichen Geld größer gemacht, als sie eigentlich sind. Damit nehmen sie natürlich anderen Vereinen wie Kaiserslautern, Hannover, also Publikumsvereinen, Plätze weg, und das ist ein Problem, das ich sehe.

SPIEL DES LEBENS

„Die ganz einfachen Dinge sind die, die glücklich machen."

SP: Wolfgang, du bist ein Macher, einer, der das Spiel in Gang bringt, auf dem Platz wie im Leben. Du bist ein sehr erfolgreicher Fußballer gewesen, du bist Immobilienunternehmer und Familienmensch. Gibt es eigentlich Dinge, bei denen du mal Hilfe brauchst?

WO: Ich versuche immer bei Dingen, von denen ich keine Ahnung habe, zu Menschen zu gehen, die sich damit auskennen. Ich finde es schlimm, wenn Leute sich in etwas einmischen, und wenn du dann auf einmal merkst, nachdem du ihnen ein bisschen zugehört hast, da ist nur ganz wenig dahinter ... Aber Hauptsache, sie sind dabei. Es gibt manche Leute, die meinen ja, sie könnten alles.

SP: Ich meine, nach außen bist du der Spielgestalter, der wirtschaftliche Motor der Familie, du bist der Patron.

WO: Ich halt das Ding am Laufen.

SP: Du hältst das Ding am Laufen, aber hat Karin dir eigentlich auch mal eine klare Ansage gemacht?

WO: Ich erinnere mich da gut an eine Geschichte aus dem Urlaub auf Sardinien. Das war so: Wir sind mit den Kindern, als die noch klein waren – selbst später noch, wie sie schon größer waren, mit Freunden und Freundinnen –, gut dreißig Jahre da hingefahren. Drei Wochen lang in ein traumhaft schönes Hotel. Der Eigentümer ist ein feiner Kerl, der ruft mich heute noch immer an. Irgendwann musste ich ja immer diese drei Wochen buchen und sagen, wir kommen. Dann war es wieder so weit. Silvana fragte die Karin: „Mama, wann fahren wir eigentlich?" Da hat die Karin drauf gesagt: „Wir fahren gar nicht." Und ich so: „Was erzählst du denn da?" So frech war die eigentlich nie, aber für sie stand fest: Wir fahren da nicht mehr hin. Und ich habe sie dann gefragt: „Warum?" Da sagte die: „Guck dich und mich mal im Spiegel an, dann weißt du, ob wir noch mal nach Sardinien fahren." – Was erzählt die da für einen Mist?, habe ich mich gefragt. Am nächsten Morgen, ich war da schon um die siebzig, bin ich dann vor den Spiegel gegangen und habe das Elend gesehen. *(lacht)* Da habe ich gesagt: „Du hast recht. Ich bin zwar oft mit dem Kopf durch die Wand, aber manche Dinge erkenne ich auch." Da war sie ganz happy und sagte: „Ich habe es doch gesagt." Seitdem fahren wir nicht mehr nach Sardinien.

SP: Wohin ging es dann?

WO: Über Ostern und im Herbst sind wir dann nach Oberstdorf gefahren, ins Allgäu. Sie sagte: „Diese Urlaube haben wir immer ohne dich gemacht, und jetzt fahren wir halt nicht mehr im Sommer weg, sondern zusammen im Herbst und über Ostern dahin, wo wir mit langer Hose laufen können."

SP: Also, in Würde altern, kann man es so nennen? Fällt dir das leicht?

WO: Das hat mich am Anfang schon geschockt, wie sie das auf einmal gesagt hat mit Sardinien.

SP: Hat sie doch elegant gemacht.

WO: Ja, das hat sie schon mit ausreichend Gefühl gesagt. Wenn sie mir einfach so gesagt hätte, da fahren wir nicht mehr hin, hätte ich es mir wahrscheinlich anders überlegt. Sie hat das schon clever eingefädelt, in einer Art, die ich akzeptieren konnte, sodass es dann kein Diskussionsthema mehr wurde.

SP: Alles hat doch im Leben seine Zeit. Je älter man wird, desto bewusster wird einem, dass Dinge ihre Zeit haben. Du hast schon mit sechzig gesagt, du zerreißt den Kalender. Was machst du jetzt mit achtzig?

WO: Ich habe vor ein paar Tagen mit jemandem gesprochen, den ich gut kenne, der war Vorstand bei einer Bank und ist auch achtzig geworden. Den habe ich ein paar Tage danach gefragt: „Wie war das Gefühl an dem Tag, als du achtzig wurdest?" – „Grausam", sagte er, „aber heute geht es wieder." *(lacht)* Die Zahl achtzig ist ja unvorstellbar für einen wie mich, der fit und gesund ist, Sport macht und arbeiten kann. Und dann erinnere ich mich an die Zeit zurück, als ich ein kleiner Junge war und mit anderen Jungs über alte Herren und ihr Alter gerätselt habe. Da haben wir uns immer gefragt, wenn wir so einen auf der Straße gesehen haben: „Wie alt ist der?" Und dann hat einer gesagt: „Der ist bestimmt achtzig oder einundachtzig." Damals haben wir Jungs dann angenommen, der muss ja bald tot sein. Denn wurde damals einer achtzig, war das ein Geschenk des Herrgotts, dass er überhaupt so alt werden konnte. Heute hat sich das ja alles verändert durch die Ernährung, den Lebensstil, den man pflegt, und so weiter. Achtzig gelebte Jahre heute fühlen sich anders an als damals, aber die Zahl, die ist nicht anders geworden. Die Zeit ist die gleiche geblieben ... Ich bin mal gespannt, ich werde es dir erzählen, wie es sich anfühlt, wenn wir danach telefonieren. Nur im Moment kann ich es mir schlecht vorstellen, wie ich damit zurechtkommen werde.

SP: Dir fällt das Älterwerden also schwer?

WO: Für mich war das bis zum Vierzigsten überhaupt kein Thema. Was habe ich da alles gemacht! Dreimal in der Woche Fußball gespielt, gebaut, gemacht und getan. Dann kam der fünfzigste Geburtstag, da war ich mit 500 Leuten im Freizeitpark „Phantasialand" in Köln/Brühl. Irgendjemand hatte mir gesagt, du musst zum Fünfzigsten was Großes machen. Wir haben dort toll gefeiert. Beckenbauer, Netzer, Schön, Fritz Walter und viele andere waren da. Unsere Kleine war gerade, glaube ich, zwölf oder fünfzehn Monate alt. Ich weiß noch, wie die Leute da saßen, dann wurde sie reingeführt und es kamen allen die Tränen. Beim Sechzigsten und Siebzigsten bin ich abgehauen, und wahrscheinlich werde ich das beim Achtzigsten genauso machen. Denn an dem Tag fängst du an zu überlegen: Schon wieder zehn Jahre. Und dann siehst du die Schritte relativ nah an dich herankommen, die dann kommen können. Mit achtzig kannst du halt nicht mehr sagen, mir ist alles egal, da musst du schon ein bisschen mehr ans Ende denken. Da hilft mir der Glaube an den Herrgott im

Himmel, der macht mir das Leben in dieser Richtung leichter.

SP: Und wie geht deine Frau damit um?

WO: Meine Frau hat viel Angst vorm Sterben, hatte sie immer schon. Ich sage ihr dann: „Sei doch froh, dass du so alt geworden bist!" Sie ist ein Jahr jünger als ich. Körperlich hat sie aber mehr mitgemacht als ich, sie hat die Knie kaputt und hatte eine Augenoperation. Aber ist es nicht ein Geschenk Gottes, überhaupt so alt werden zu dürfen? Und der Glaube gibt dir die Kraft zu sagen, ja, irgendwo ist jetzt Schluss, und dann schauen wir mal, ob es weitergeht oder wie es weitergeht. Diese Hoffnung und diesen Glauben zu haben, macht den Übergang vom Leben in den Tod einfacher, das glaube ich.

SP: Du bist schon dein Leben lang Katholik. Bei der WM 1970 in Mexiko warst du auch sonntags in der Kirche und hast Gottesdienste besucht. Hat sich dein Glaube im Laufe der Zeit verändert?

WO: Ich war Messdiener und bin ja in einer katholischen Familie groß geworden, unsere Eltern haben uns katholisch erzogen. Ich bin dann auch stets nah an meinem Glauben und der Kirche geblieben. Wir sind später selbst immer sonntags mit den Kindern in die Kirche gegangen und fanden es auch wichtig, den Kindern darin ein Vorbild zu sein. Meine Sicht auf den Glauben hat sich nicht verändert. Er ist, glaube ich, sogar eher klarer und bewusster geworden.

SP: Lebst du deinen Glauben also auch außerhalb der Kirche?

WO: Ich bete jeden Abend zu „dem da oben" und bin dankbar und zufrieden, dass ich so ein tolles Leben haben durfte. Jeden Abend! Ich gehe nie ins Bett, ohne zu beten. Meine Beziehung zu „dem da oben" ist stabil.

SP: Und wie ist es um dein Verhältnis zur Institution Kirche bestellt?

WO: Das ist ja zum Teil so schlimm, was da in der katholischen Kirche passiert. Zu der evangelischen Kirche kann ich nichts sagen, aber da scheint es ja auch fürchterliche Missbrauchsgeschichten zu geben.

SP: Wie ist es für dich als gläubiger Mensch, das zu ertragen?

WO: Ich kann es nur ertragen, indem ich sage, dass meine Beziehungsperson „der da oben" ist. „Der da oben" ist meiner. Und „die da unten", das sind Menschen mit all ihren Fehlern. Und wenn man etwas verändern will, dann muss man den geschädigten Opfern zur Seite stehen wie auch den Menschen, die solche Fehler gemacht haben. Aber sie sind für viele Menschen keine Vorbilder mehr, auch für mich nicht. Es gibt sicher eine große Zahl an Priestern, die wirklich tolle Arbeit leisten, aber diese eine Gruppe, die hat dem Glauben so geschadet wie nie zuvor. Der Herrgott im Himmel und auch die vielen Guten, die herumlaufen, die versuchen schon die Kirche so darzustellen, wie sie eben sein soll. Doch wir Menschen machen einfach immer wieder Fehler ... Ich gehe an

Ostern, Weihnachten und den Hochfesten in die Kirche und habe den Bezug zu ihr nicht verloren. Ich würde auch nie aus der Kirche austreten, nur weil ich dadurch viel Geld sparen könnte. Ich würde niemals meinen Glauben verraten, indem ich deswegen aus der Kirche austrete. Das bin ich dem Herrgott gegenüber schuldig. Aber nicht denen, die dieses Chaos veranstaltet haben.

SP: Du sagst, der Glaube ist dir wichtig als moralischer und persönlicher Kompass, aber es wurde mit ihm unter der Fahne der Kirche wahnsinnig viel Unfug gemacht. Es wurden Kriege und Kreuzzüge geführt und auch heute wird der Glaube oft für falsche Dinge instrumentalisiert.

WO: … und dann noch diese vielen Missbrauchsgeschichten. *(verärgert)*

SP: Du wirst richtig sauer bei dem Thema.

WO: Ich kann mir das einfach nicht erklären. Da sind Menschen, die die Aufgabe haben, anderen zu helfen. Und was haben sie gemacht? – Ich verstehe das nicht. Ich habe mit denen ein Problem, nicht aber mit der gesamten Kirche. Wenn ich beispielsweise den Papst sehe, finde ich ihn als Mensch sensationell in seiner ganzen Art, wie er so rüberkommt. Aber es sind eben schlimme Dinge passiert, die viele Leute davon abhalten, wieder in die Kirche zu gehen. Sie treten aus, und wenn man Katholik ist, dann tut das weh. Irgendwo kann man nur hoffen, dass sich das Ganze möglicherweise doch noch einmal dreht.

SP: Ich finde es sehr interessant, was du vorhin über den Tod gesagt hast. Du sprichst nicht ängstlich über den Tod. Das finde ich schon ziemlich besonders. Woher kommt das?

WO: Weil ich dem Herrgott unglaublich dankbar bin. Ich komme aus einer Familie, die sehr, sehr schwer zu kämpfen hatte, und mein Leben ist dann so verlaufen, dass ich nur auf der Sonnenseite gelebt habe. Ich habe alles in meinem Leben erreicht. Alles! Im Beruf, im Sport, in der Familie mit Kindern, mit Geld – alles, was ein normaler Mensch erreichen kann. Ich glaube einfach, dass der Herrgott mir dabei geholfen hat, und daher kommt meine Dankbarkeit. Es gibt viele, die hatten die gleichen Möglichkeiten wie ich, die haben sie aber nicht da hingebracht oder sie haben sie nicht genutzt. Für mich ist das halt ungeheuer wichtig: Ich hatte ein wunderbares Leben. Ich bin alt geworden, achtzig ist meiner Meinung nach ein schönes Alter, und ich bin dankbar, dass ich noch diese Kraft habe und dass ich so leben konnte, dass ich nie Sorgen hatte. Wenn ich manchmal Häuser von mir betrete, und da sitzen dann Familien mit drei oder vier Kindern, die jeden Monat um 100 Euro kämpfen müssen, damit sie über die Runden kommen, wird mir da das ungeheure Geschenk deutlich, dass ich so leben kann, wie ich möchte. Das alles hat bei mir eine tiefe Dankbarkeit und Zufriedenheit ausgelöst.

SP: Hast du die eigentlich auch mal auf dem Platz gezeigt? Ich meine, Zweiter, Dritter und Erster zu werden, nicht jeder Spieler steht in drei WM-Endspielen.

WO: Ich erinnere mich noch an eine Situation bei der WM 1974, da war das ja noch nicht so üblich wie heute, dass Spieler auf den Platz gehen und ein Kreuzzeichen machen. Ich weiß noch, dass ich vor dem Endspiel zur Toilette musste und da habe ich das Kreuzzeichen gemacht. Eigentlich war es schade, das so im Verborgenen zu machen.

SP: Du hättest deinen Glauben gerne auf dem Platz gezeigt?

WO: Ja, überhaupt finde ich das toll, wenn Spieler den Mut haben, ihren Glauben öffentlich zu bekennen. Früher haben es vor allem die Südamerikaner gemacht, heute machen es viele, selbst in der Bundesliga. Das ist ja heute selbstverständlich, wenn einer so etwas macht. Manchmal braucht es eben nur eine kleine Geste, auf dem Platz oder im Alltag. Wenn ich heute beispielsweise ins Restaurant gehe, mache ich beim Essen das Kreuzzeichen wieder. Als Kind habe ich das immer gemacht – nach dem Essen ein Kreuzzeichen –, und dann habe ich es aber irgendwann nicht mehr getan. Ich mache es nun, um den Menschen, die um mich herum sind und die mich kennen, zu zeigen, ich stehe noch zu meinem Glauben. Letztlich helfe ich damit vielleicht auch denen, die hier katastrophal versagt haben, Glauben und Dankbarkeit wieder ein Stück weit sichtbarer zu machen.

SP: Ich verstehe, eigentlich ist das, was du vom irdischen Leben erwarten konntest, übererfüllt worden. Von daher sagst du, mehr geht nicht, und ich bin dankbar dafür. Meine Oma, die war Protestantin, auch streng gläubig …

WO: Moment, ich bin nicht streng gläubig. Ich bin gläubig mit all meinen Fehlern. Ich hatte und habe eine Unmenge an

Fehlern. Und ich habe durch meinen Glauben keinen Vorteil gekriegt.

SP: Nein, das wollte ich damit gar nicht sagen.

WO: Ich will das auch nur noch mal betonen. Ich mache Fehler und auch viele Dinge, die „dem da oben" vielleicht nicht gefallen. Jeder Mensch macht Fehler, aber meine Beziehung zum Herrgott, die würde ich für nichts in der Welt aufgeben. Und ich hoffe, dass das so bleiben wird.

SP: Ich wollte nur sagen, meine Oma hat, ich habe es vorhin schon mal erwähnt, zu ihren Lebzeiten gesagt: Ich würde gerne mal hinter den Vorhang gucken. Also, sie würde gerne sehen, was nach dem irdischen Leben kommt. Was glaubst du, was könnte das sein oder was würdest du dir wünschen, was es ist?

WO: Also, so weit habe ich nie gedacht. Es kommen natürlich immer so Momente, da denkst du kurz darüber nach – zum Beispiel als wir den Jürgen Grabowski zu Grabe getragen haben. Der Grabowski war ein feiner Kerl. Da habe ich eine Rede gehalten und gesagt: „Wir sehen uns wieder."

SP: War das bei der Traueransprache im Frankfurter Waldstadion?

WO: Ja, im Stadion waren ein paar Tausend Leute zusammengekommen, und ich hatte einen engen Kontakt zu Jürgen Grabowski, der mich während seiner Krankheit häufig angerufen hat. Ich hoffe ja, dass ich später mal, wenn ich schon oben bin, den Pistor auf einmal da oben sehe und denke: Was will der denn hier?

SP: Bundesliga-Sendung machen, ist doch klar, und du spielst! *(beide lachen)*

WO: Das sagt der Glaube, aber ob das wirklich so sein wird …. Das bringt mich nämlich nicht davon ab zu sagen: Keiner ist zurückgekommen. Keiner kann sagen, ob es da was gibt oder nicht. Ich persönlich bin in erster Linie nur dem Herrgott im Himmel dankbar für all das, was er mir gegeben hat. Ob es dann da oben tatsächlich so sein wird, dass ich ihn, dich oder den Grabowski oder wen auch immer sehe, ist eine andere Sache, nur das kann ich mir momentan noch nicht vorstellen, was da passieren wird.

SP: Vielleicht ist der Hintergedanke von alledem, dass man sich einfach wünscht, dass die Dinge weitergehen, oder?

WO: Es wäre ja schön, wenn es ein Weiterleben geben würde, nur hilft mir der Glaube bei der Vorstellung, dass es möglicherweise auch noch etwas anderes gibt, in einer ganz anderen Art. Da laufen wir dann nicht, so wie du und ich, im Pullover rum. Wichtig ist einfach, dass man sagt, es könnte noch irgendetwas geben. Und da hatte noch niemand eine Antwort drauf.

SP: Ich glaube, ganz wichtig ist auch, dass man morgens etwas hat, das einen antreibt, aufzustehen und Hoffnung zu haben.

WO: Ich persönlich denke, dass der Glaube, der ja in früheren Jahren noch viel präsenter war, die Menschen in ihrem Leben von vielen dummen Dingen abhalten kann. Denn der Glaube selbst macht es vielen Menschen schwer, Bösartiges in extremer Form anzuwenden. Vielleicht hat der Glaube die Menschen früher etwas mehr davon abgehalten, bestimmte Dinge zu tun. Und je weniger Menschen an etwas glauben, desto weniger ist auch diese Überlegung da.

SP: Apropos, du hast mal in der Zeitung ein Foto von Werner Biskup gesehen, der von Jugendlichen verprügelt wurde und ein Alkoholproblem hatte. Mit ihm hast du beim 1. FC Köln gespielt. Du hast Kontakt zu ihm aufgenommen und das Ganze wurde zu einem Schlüsselerlebnis für dich. Warum?

WO: Also, ich glaube, dass es meine Aufgabe ist, Menschen zu helfen, denen es weniger gut geht als mir. Und zwar denen zu helfen, die es im Leben nicht so gut angetroffen haben. Ich versuche, Geld zu erweitern, indem ich mehr Einnahmen schaffe. Das heißt, seit über 25 Jahren habe ich einen Fonds, den Wolfgang Overath Fonds, und sammle Geld für Obdachlose. Wir haben da bereits an die zwei Millionen Euro eingesammelt, zwei Mehrfamilienhäuser gebaut, ich habe 18 Jahre lang nach meiner Profikarriere in der Lotto-Mannschaft für einen guten Zweck gespielt und es gibt viele weitere Beispiele, die ich aber nicht alle nennen kann. Wenn ich irgendwo die Möglichkeit habe zu helfen, bin ich dabei. Und beim Werner war das wirklich so ein Schlüsselerlebnis. Ich habe gedacht, das kann nicht wahr sein, du hast mit dem gespielt und er ist jetzt ein Alkoholiker. Du musst sehen, dass du dem helfen kannst. Da habe ich ihn angerufen und wir haben alles in die Wege geleitet und hingekriegt. Ich bin überzeugt, es ist die Aufgabe von Menschen, denen es gut geht, anderen zu helfen, denen es nicht so gut geht, und zwar im Rahmen ihrer Möglichkeiten. Ich kann nicht hingehen und sagen, ich lebe nur noch für mich. Wenn ich so etwas zugetragen bekomme oder irgendwo von jemandem höre, den ich kenne, dass es ihm schlecht geht, und ich sehe eine Chance, dass ich demjenigen helfen kann, dann helfe ich. Ich habe Personen, die ich seit zehn Jahren unterstütze, weil sie nicht mehr arbeiten können. Ich glaube, zu helfen ist die Aufgabe eines jeden, der auf der Sonnenseite lebt. Ganz praktisch sieht das dann unter anderem so aus: Ich hole Weihnachten an die 120 Obdachlose zusammen, die müssen um 11 Uhr in die Kirche und ...

SP: Moment, das müssen die? Sie müssen in die Kirche gehen?

WO: Vor dem gemeinsamen Essen müssen sie in die Kirche. Anschließend haben wir da einen großen Saal, da kommen sie alle rein und nehmen Platz. Ich gehe dann an die Tische und rede mit ihnen ein bisschen, ehe sie noch ein Riesenpaket kriegen. Am Anfang habe ich ihnen immer Geld gegeben, 50 oder 100 Euro. Das wurde früher aber meist an der nächsten Tankstelle in Schnaps oder Bier umgesetzt, also haben wir es geändert. Wir helfen den Obdachlosen auch dabei, neue Jobs zu kriegen, da kriegen sie Prämien, wenn sie irgendwo anfangen zu arbeiten. Ich habe auch schon einige bei mir eingestellt, was aber schwierig war, weil es Drogenabhängige waren, die es am Ende nicht geschafft haben. Aber ich versuche als jemand, der selbst Glück erfahren hat, anderen dabei zu helfen, wieder etwas Glück im Leben zu haben.

SP: Das klingt sehr weise. Mir fällt gerade Ernst Huberty, „Mister Sportschau", ein. Ihn hast du sicherlich auch persönlich kennenlernen dürfen. Er ist in einem gesegneten Alter gestorben. Und er wurde mal gefragt, da ging es um die Zukunft des Sportjournalismus, was für Lehren er aus seinem Leben gezogen habe. Man geht ja oft hin zu Leuten, die viel Erfahrung haben, und fragt sie nach ihrem Resümee. Und bezogen auf den Sportjournalismus antwortete Huberty als erfahrener Kutscher: keine Tipps, keine Ratschläge. Ihr müsst euren eigenen Weg finden. Es ist alles steinig, aber seht selbst zu, dass ihr irgendwie die Dinge hinkriegt. – Wenn Leute jetzt auf dich zukommen mit der Lebenserfahrung, die du hast, was sagst du ihnen?

WO: Ich hatte einen engen Draht zum Ernst, wir haben in seinen letzten Jahren oft miteinander telefoniert, er war ja der große Mann in meiner Zeit, er war die Galionsfigur. Aber in dem Punkt kann ich ihm überhaupt nicht folgen. Wenn es Menschen gibt, die ein Leben hinter sich und so viel Erfahrung haben, die würde ich jederzeit um Rat fragen wollen. Wenn mich jetzt einer fragen würde: Wie siehst du das oder jenes, wenn du an meiner Stelle wärst? Dann würde ich ihm jederzeit aus meiner Sicht antworten und sagen: Pass auf, ich würde das so und so machen. Also, die Aussage vom Huberty kann ich nicht nachvollziehen, aber ich mag ihn. Wenn wir Europapokal- oder Länderspiele mit der Nationalmannschaft hatten, war er immer dabei. Er war ein Gentleman und großer Könner.

SP: Und was würdest du jemandem sagen, der dieses Buch liest, welche Lehren du aus deinem Leben gezogen hast?

WO: Wichtig ist, das Leben so anzugehen, dass man bereit ist, alles dafür zu geben. Das heißt, du musst bereit sein zu investieren, in der Arbeit, im Sport und im ganzen Leben. Das muss immer die Basis sein. Es gibt ja heute viele, die sagen: Mensch, wenn ich das so mache, dann verdiene ich mal ordentlich Kohle, dann ist mein Leben abgesichert. Es geht aber ums Kämpfen, man muss kämpfen für die Dinge, die man erreichen will. Im Sport natürlich genauso wie im Leben, bei mir lief das parallel. Und ich sage mir, man kann unheimlich viel dazu beitragen, wenn man etwas erreichen will. Manche haben Pech, das gibt's ja auch. Aber wenn man bereit ist, viel zu leisten, viel zu machen, viel zu investieren, dann kommt meistens etwas dabei heraus. Und dabei sollte man natürlich auch immer auf erfahrenere Leute hören, die vor dir unterwegs gewesen sind.

SP: Das klingt nach einer Empfehlung für ausgeprägten Ehrgeiz.

WO: Ehrgeiz ist wunderbar, übertriebener Ehrgeiz ist grausam. Man muss für etwas kämpfen, aber dabei sauber bleiben. Versucht jemand, auf Kosten anderer nach vorne zu kommen, hat er vielleicht kurzfristig Erfolg, aber auf Dauer, glaube ich, keine Chance.

SP: Was war denn rückblickend betrachtet in deinem Leben deine größte Herausforderung?

WO: Ich habe als kleiner Junge eine Welt erlebt, die genau das Gegenteil von dem war, was ich dann sechzig, siebzig Jahre leben durfte. Ich habe mit meinem Talent, dass ich mit dem Ball umgehen konnte und was im Kopf hatte, viel erreicht. Darauf blicke ich stolz zurück. Von daher war die große Herausforderung meines Lebens so viel Geld zu verdienen, dass ich nie in die Situation meiner Eltern komme, in solch ein Abhängigkeitsverhältnis. Das war für mich Antrieb und Motivation. Ich habe meine Eltern über alles geliebt, aber ich habe gesehen, wie sie leben mussten, und das wollte ich für mich nicht.

SP: Wolfgang, das hast du ja auch geschafft, du hast ja auch in einer anderen Zeit gelebt als deine Eltern. An dieser Stelle muss ich an den Titel unseres Buches denken – „Alleine kannst du nicht gewinnen".

WO: Da ist was dran. Ich habe immer gute Leute um mich gehabt, die mir geholfen haben. Es gab keinen Einzigen, bei dem ich gesagt hätte, den könnte ich besser mal vergessen. Ich habe mir immer Leute ausgesucht – nicht bei allen ist es mir gelungen, aber ich hatte ein hohe Quote –, die mir mit ihren Aussagen oder in ihrer Vorstellung sehr nahe waren. Sie haben mir oft den richtigen Weg gezeigt. Ihn alleine zu gehen, dafür war ich viel zu jung, und deshalb gehören diese Wegbegleiter zu meinem Leben dazu.

SP: Dass Geld für dich eine wichtige Rolle gespielt hat, ist aufgrund deiner Familiengeschichte und der materiellen Nöte in deinen ersten Lebensjahren absolut verständlich. Nur war dieses Streben danach irgendwann vorbei?

WO: Geld beruhigt mich und gibt mir eine relativ große Unabhängigkeit, aber bei allem anderen ist mir Geld nicht wichtig.

SP: Nicht? Viele machen ihr Leben aber davon abhängig und ständig weiter.

WO: Ich habe keine großen Sorgen, Sven. Ich weiß nicht, wie oft man mir Wohnungen angeboten hat, die ich hätte kaufen können. Da kamen Leute auf mich zu, die haben mich gefragt: „Ich habe hier 100 Wohnungen, würdest du die nicht kaufen wollen?" Da habe ich gesagt: „Ne, mach ich nicht." – Warum? Mir ging es nie darum, da der Beste und der Erste zu sein. Manche Menschen streben ja danach, noch mehr und noch mehr zu leisten und zu haben.

SP: Ich glaube, so ist im Leben nicht viel Glück zu finden.

WO: Das kann sein. Auf der anderen Seite muss ich dazu sagen: Das, was ich in meinem hohen Alter noch mit dem Bauen mache, hat zwei Gründe: Erstens habe ich drei Kinder und denen soll es hoffentlich auch weiter gut gehen, und zweitens macht es mir persönlich einfach Spaß, wenn ich irgendwo bauen kann.

SP: Das ist ja auch dein Beruf. Aber Wolfgang, wo ist denn für dich das wahre Glück zu finden?

WO: Du merkst irgendwann: Die ganz einfachen Dinge im Leben sind die, die eigentlich glücklich machen. Und wir beide hatten großes Glück, dass der Herrgott dir die Stimme und deinen Verstand gegeben und mir das Glück geschenkt hat, etwas zu machen, das viele Menschen fasziniert, Fußball eben. Es gibt ja Menschen, die sind mit achtzig immer noch nicht zufrieden, und ich war mit sechzig oder fünfzig, wenn nicht schon mit vierzig mit meinem Leben zufrieden, weil ich da schon relativ viel erreicht hatte.

SP: Ich kann dich beruhigen, ich muss noch arbeiten, um meinen Kühlschrank vollzumachen, aber ich stelle fest, dass der Druck langsam abnimmt und ich das Leben aus dem Geschaffenen genießen kann.

WO: Als ich 1977 aufgehört habe, hätte ich nach Chicago gehen und in vier Jahren so viel Geld verdienen können wie in Köln in 13 oder 14 Jahren. Ich finde, man muss so leben können, dass man vernünftig und ruhig leben kann. Wenn irgendwo Geld fehlte, war das kein Problem mehr für meine Familie. Geld war nun immer da, nicht in der Größenordnung, um morgen Flugzeuge zu kaufen, aber so, dass wir als Familie nie mehr Sorgen hatten. Deshalb kann man auf der einen Seite sehr stolz, dankbar und zufrieden sein, aber auf der anderen Seite weiß ich auch: Alles ist vergänglich hier unten, das Leben hört irgendwann auf, und diese Umstellung, dass es zu Ende geht, die ist mir sehr bewusst. Es gibt ja viele Menschen, die haben auch viel erreicht, sterben aber schon mit fünfzig Jahren an Krebs oder einer anderen Krankheit. Es ist nicht einfach, an das eigene Ende zu denken, wenn man ein so schönes Leben hatte, aber es geht nun mal für mich dem Ende entgegen. Das Glück dabei ist, alt geworden zu sein. Ich weiß, meine Zeit ist nicht mehr sehr lange, deshalb hoffe ich, dass es noch ein paar

Jahre so gut weitergeht. Aber vielleicht geht das Leben ja woanders anders weiter, wer weiß?

**SP: Würdest du sagen, dass sich deine Sicht auf dein Leben
verändert hat?**

WO: Ich glaube, das ist etwas, was mit dem Alter bei den meisten Menschen geschieht. Dass sie sagen: Es war eine tolle Zeit,
sie war wunderbar, ich habe Glück gehabt. Und zum Glück
gehört ein bisschen Können dazu. Jedem gibt der Herrgott ein
Geschenk mit, damit er als Mensch damit etwas Sinnvolles anfangen kann. Aber dabei geht es nicht darum zu denken, die
Welt gehört mir. Bereits zu der Zeit, als ich Fußball gespielt
habe, habe ich für viele Zwecke gespendet. Das sind Dinge,
die verstehe ich für mein Leben als zusammengehörend. Es
muss meine Aufgabe sein, das Glück, das ich habe, mit anderen zu teilen und anderen zu helfen. Und ich glaube, wenn
ich das nicht gemacht hätte, hätte ich ein Riesenproblem mit
mir selbst bekommen. All diese Dinge machen mich letztlich
irgendwo frei und zufrieden.

SP: Und auf den Fußball gesehen?

WO: Glück und Können miteinander zu verbinden, macht
dich überall zufrieden und glücklich. Für mich war das Fußballspielen nie ein Beruf, für mich war es die schönste Geschichte überhaupt. Das kannst du auch daran erkennen, dass
ich immer noch spiele. Ich habe anderes versucht, Golf und
Tennis, das hatte aber gegenüber dem Fußball keine Chance.
Deswegen glaube ich: Wer Glück empfängt und zufrieden auf

der Sonnenseite lebt, was kann es im Leben Schöneres geben? Wie lange das noch bei mir geht, kann ich nicht sagen, aber wenn man eine Beziehung zu „dem da oben" hat, dann weiß ich, hilft dir das auf dem Platz wie im Leben ein bisschen weiter, denn dann bist du auch da nicht alleine unterwegs.

SP: Wolfgang, danke für die gemeinsame Zeit. Auf Kölsch sagt man: „Maat et joot."